Johann Engling

Der heilige Audoen, Staatskanzler und Erzbischof

Johann Engling

Der heilige Audoen, Staatskanzler und Erzbischof

ISBN/EAN: 9783743353398

Hergestellt in Europa, USA, Kanada, Australien, Japan

Cover: Foto ©ninafisch / pixelio.de

Manufactured and distributed by brebook publishing software (www.brebook.com)

Johann Engling

Der heilige Audoen, Staatskanzler und Erzbischof

Der

heilige Audoen,

Staatskanzler und Erzbischof,

einer der bedeutendsten Männer seiner Zeit und einer der frühesten Apostel im Lande der Luxemburger,

quellenmäßig dargestellt

von

Johann Engling,

Professor der Philosophie zu Luxemburg.

« Omnibus omnia factus. » I Cor. 9.

Luxemburg.
Druck und Verlag von Peter Brück.
1867.

Vorbemerkung.

Ihrem ursprünglichen Plane gemäß sollte diese Darstellung das Audoen'sche Apostolat im Lande der Luxemburger besonders hervorheben. Da aber eine solche Hervorhebung die Einheit des Ganzen und sein Interesse für Nicht-Luxemburger hätte schwächen können, so wurde sie aufgegeben und statt ihrer eine gleichmäßige Behandlung aller Theile angestrebt. Hiedurch erweiterte sich allerdings der Umfang des Schriftchens; allein es geschah, glauben wir, nicht auf Kosten, sondern zu Gunsten des Werthes, den es haben mag. Über diesen Werth mögen urtheilen Diejenigen, die es lesen mit demselben Geiste, in welchem es verfaßt ist!

Marienhof, am Freitag nach Christi-Himmelfahrtsfest 1867.

Der heilige Audoen,

Staatskanzler und Erzbischof.

....

§. 1. Einleitung.

Mit preiswürdigem Eifer haben seit einiger Zeit patriotische Gelehrte sich auf das Studium der einheimischen Legenden verlegt und somit nicht allein die Kenntniß der Luxemburger Heiligen, sondern auch die der damit zusammenhangenden Landesgeschichte gefördert.

Aus ihren Arbeiten, welche Unvollständigkeit denselben auch anklebe, ist ersichtlich, wie wichtig überhaupt die Legendar-Biographie für die Geschichte und umgekehrt diese für jene sein müsse. Diese gegenseitige Wichtigkeit dürfte aber noch fühlbarer werden in dem Grade, in welchem die Nachrichten höher in's Dunkel der Zeiten hinaufsteigen und eben darum schon ein ersehnteres Licht verbreiten.

Dieß ist im Besondern nun auch der Fall mit den Nachrichten über den zu wenig gekannten Heiligen, dem diese Blätter gewidmet sind. Sein Leben gehört einer Epoche an, über welche wir den besten Theil unserer Kunde nur aus Legenden schöpfen. Es ist die Epoche der Merowinger, das siebente oder sogenannte heilige Jahrhundert, d. h. die Zeit, in welcher, wie Alb. Thym sagt[1]), „die Politik auf's Engste mit der

---

1) Der hl. Willibr. Münster 1863. S. 1.

Religionsgeschichte verbunden ist" und beide, soweit sie unser Land betreffen, sich in eine noch immer nächtliche Morgendämmerung verhüllen.

Aber noch belangreicher und anziehender werden die Nachrichten, wenn sie nicht allein in ein hohes Zeitalter greifen, sondern auch einen außergewöhnlichen Mann zum Gegenstande haben; einen Mann, dessen Leben in Berührung steht nicht bloß mit den kirchlichen sondern auch mit den staatlichen Verhältnissen jener grauen Vergangenheit und nicht allein die derzeitigen fränkischen, sondern auch die hierländischen Zustände beleuchtet.

Als ein solcher Mann gilt uns der heilige Autoen, der nicht allein Staatsmann, sondern auch Glaubens= verbreiter, nicht nur am königlichen Hofe thätig war, sondern auch in der Kirche, und nicht bloß für das Frankenreich überhaupt, sondern auch ebenso und im Besondern für das Land der Luxemburger.

Glücklicherweise fehlt es auch nicht an Historikern, die uns das politische und religiöse Wirken Autoen's im Lande der Franken schildern: Surius, Mabillon, die Bollandisten, Dionysius von Luxemburg, Räß, Weiß und de Ram nach Butler, u. v. A. haben sich damit abgegeben in mehr oder weniger befriedigender Weise. Aber anders verhält es sich mit den Beziehungen des Heiligen zu unserm Vaterländchen, dem er mehr= fach angehörte und in welchem er einst erfreulich wirkte: diese liegen kaum noch angedeutet vor, und ihre Be= kundung, die sich aus geeigneter Analogie und Induktion erschließt, läßt sich jetzt zwar noch aufstellen, aber nicht ohne zu wünschen übrig zu lassen. Dennoch können wir, was uns nicht zu geringer Genugthuung gereicht, ver= sichern, daß sich von denselben Spuren erhalten haben, welche uns, wollen wir ihnen nachforschen, noch einen beachtenswerthen Aufschluß verschaffen.

Diesen Aufschluß gewähren uns theilweis die älte= ren Biographieen des Heiligen, aber theilweis auch und mehr noch verschiedene Lokal-Archive. Zur Ge=

winnung desselben, wie er nunmehr vortritt, genügte es daher nicht, die Legende zu durchgehen; wir mußten auch betreffs der Stellung Audoen's die Geschichte des Priorates Vaux-les-Moines und besonders die der von letzterem früher abhängigen Pfarre Niederwampach durchstöbern.

Halten wir aber den von uns gelieferten Aufschluß für beachtenswerth, so sind wir, kann derselbe irgend ein Verdienst beanspruchen, doch entfernt es uns ausschließlich beilegen zu wollen. Eine briefliche Mittheilung, womit uns vor Kurzem Herr Pfarrer von Oberwampach beehrte, machte uns zuerst aufmerksam auf die besondere dem hl. Audoen in jener Gegend früher zu Theil gewordene großartige Verehrung und veranlaßte uns dadurch zu weitern Nachforschungen. Aus diesen ergab sich sofort als Frucht gegenwärtige Arbeit.

Diese Arbeit stellt sich zur Aufgabe die Vorführung des Heiligen, seiner Herkunft, seiner Jugend, seines Wirkens vor und nach seiner Bischofsweihe, seiner Reisen, seiner Stiftungen, seiner Beziehungen zu unserm Lande, seines literärischen Leistens, seiner Verehrung, sowie seiner Wunderwirkungen vor und nach seinem Tode. Diese Aufgabe glauben wir zu lösen, wenn wir einerseits gedrängt wiederholen, was die bewährtesten Biographen uns über Audoen mittheilen, und andrerseits hinzufügen, was des Heiligen Einfluß auf unser Land betrifft. Dieß Letztere ist zu ermitteln aus weniger bekannten Quellen. Gelingt diese Ermittelung, so ist unser Hauptzweck und der Gipfelpunkt unsers Wollens erreicht.

Die Hauptquellen, die bei der Arbeit zu Grunde gelegt wurden, sind:

I. *Surius*, Vit. SS., ad. 24. Aug., weniger zuverlässig als andere Quellen, gleichwohl benutzt, da mehre Handschriften, aus denen er schöpfte, seither verloren gingen.

II. Die Bollandisten, auf den 24. Aug., vorzüglich befolgt. Sie theilen zwei Biographieen mit¹): eine anonyme nach einer Utrechter Handschrift, deren Verfasser noch gleichzeitig mit mehren Schülern Audoen's lebte; und eine spätere, deren Verfasser ebenfalls ungenannt oder nach Einigen **Fredegod** ist; außerdem sprechen sie von einer metrischen von **Theodorich** und einer Trier'schen, die aber schwulstig und darum nie im Drucke erschienen ist. Auch beziehen sie sich auf **Fulbert's** Geschichte der Audoen'schen Mirakel und auf Fredegar's Chronik, wovon die zwei letzten Bücher die Ereignisse von 584—641 verzeichnen. Die beiden letzten Werke, sowie das von Theodorich, stammen aus dem 11. Jahrhundert.

III. *Mabillon*, Acta SS. u. Annal. Bened., an verschiedenen Stellen.

IV. Viri illustres luxemburgenses, reichend bis 1663, abgeschrieben von Michel Simon von Boferding und verfaßt von einem Luxemburger Jesuiten²). Wahrscheinlich war dieser der Wiltheime einer, der als Prior von Vaux-les-Moines die Beziehungen dieses Klosters zu Niederwampach kennen konnte. Herr Al. Pruvost hält ihn für Al. Wiltheim³), weil das genannte Manuskript auch die später besonders gedruckten und diesem Gelehrten zuerkannten „Gubernatores luxemburgenses" enthält. Diese Quelle führt die Tradition an, welche Niederwampach als den Geburtsort Audoen's bezeichnet⁴). Diese Bezeichnung ist aber ein Irrthum, zu welchem man sich, wie's scheint, verleiten ließ durch die Namen **Wambas, Wultiacum, Sanciacum, Belsinaca** (eine Insel), **Hussigny** (Moseldept.) u. a., welche man auf Luxemburger Ortschaften bezog, während sie, wie die Bollandisten nachweisen, nur von französischen zu verstehen sind.

V. Ein mehr als hundertjähriges deutsches Ma-

---

1) Aug. 2. Bd. S. 810. ff.—2) Lgr. Athsprogr. 1856, S. 43. — 3) Vie de Ph. Scouvillo, Lbg. 1860. S. 17. — 4) Die Stelle, S. 1, lautet: « Sanctus Audovenus, filius Comitis seu Domini Martisvillani, Archiepiscopus Rotomagensis, Galliæ Cancellarius, inter cætera fundator Prioratûs Vallis-Monachorum, cui dedit Ecclesiam in Wampach ad montem, in quo vestigia arcis quæ domicilium et locus natalis (?) illius traditione habetur. » —

nuſkript, Audoen's Leben enthaltend, jetzt im Pfarr=
archiv zu Niederwampach.

VI. Eine alte franzöſ. Heiligen=Legende von Simon
Martin, Relig. aus dem Orden der Minimen.

VII. A. Baillet, Vies d. SS. 1710.

VIII. P. *Dionys.* von Luxemburg, Heiligenlegende.
1743.

IX. Die Geſchichtswerke von Bertels, Bertho=
let, v. Feller ꝛc.

X. *A. Neyen*, Hist. de la Commune d'Oberwampach [1]) und Biographie luxembourgeoise, Artikel St.
Audovon.

XI. *Malais*, Le calandrier normand, 1860.

XII. *Cochet*, Les orig. de Rouen, 1865.

XIII. Rohrbacher, Univerſgſch. d. kath. Kirche,
X. B., bearbeitet v. Dr. Herm. Rump. Münſt. 1866.
Eine der ergiebigſten neuern Quellen.

XIV. Verſchiedene Urkunden aus dem Pfarrarchiv
von Niederwampach.

XV. Verſchiedene Urkunden über Vaux-les-Moines
und das Luxemburger Jeſuiten=Kollegium, dermalen im
Regierungs=Archiv, ſowie deren analytiſches Verzeichniß
von Hrn. Würth=Paquet.

XVI. Die Correspondenz der Herren Pfarrer
Heinericy und Pinth.

---

§ 2. Audoen's Geburt und Abſtammung.

Das geheimnißvolle Gewölk, welches über den
Wirren des ſiebenten Jahrhunderts ſchwebt, umdäm=
mert, wie Audoen's Leben überhaupt, ſo auch im Be=
ſondern ſeine Geburt und Abſtammung. Vergebens

---

1) Publ. arch. d. Lbg. VI. S. 146—197. —

würde man sich bemühen, das Dunkel zu verscheuchen; es ist unzertrennlich von der Lückenhaftigkeit der damaligen Geschichtschreibung. Gleichwohl läßt sich aus zuverlässigen Quellen über die Herkunft des gedachten Heiligen noch mehr schöpfen, als über die der meisten andern derzeitigen Glaubensboten.

Audoenus[1]), mit dem Zunamen Dado, das zweitälteste seiner Geschwister, hatte einen ältern Bruder Namens Ado und einen jüngern, Rado heißend. Der ältere wurde Mönch und Gründer des nach Kolumban eingerichteten Klosters Jouarre (Jotrum) an der Marne, der jüngere Stifter der Abtei Reuil und Schatzmeister des Königs Dagobert. Doch wird letzterer so selten erwähnt, daß frühzeitig schon Zweifel darüber auftauchte, ob er wirklich existirt habe.

Alle drei waren Söhne der fränkischen Edel- und Eheleute Autharius und Aiga, welche sich auf ihren Besitzungen im Wawergau, um Brie und zu Marville, woselbst sie eine Kirche erbauten, und sonst am Othain nicht selten aufhielten.

Wie man es schon am Laute hört, trugen alle Glieder dieser reichen Familie römische Namen. Daher kann man nicht leicht umhin, diese selbst für eine römische und mithin für den hierwärts zurückgebliebenen Rest einer römischen Kolonie anzusehen.

In der That, die Römer setzten, wo sie Eroberer waren, auch Kolonieen hin und errichteten behufs Niederhaltung der Besiegten hin und wieder Militärposten. Zugleich vertheilten sie die Ländereien unter die Veteranen, oder verpachteten und verkauften sie den Liebhabern, d. h. den Vornehmen oder Patriziern[2]).

So kamen denn, scheint es, auch verschiedene Grundgüter an die Vorfahren des Autharius, in deren Besitz sie und ihre Nachkommen verblieben trotz der Überfälle von Seiten der Franken. Zu ihrem Besitzthum gehörte,

---

1) Audenus, Audovon, Ouein, Ouen, Owen, Auen. — 2) Em. SERVAIS, Abh. i. Public. arch. Lbg. XXI. S. 103. —

wie die Tradition sagt, auch die Herrschaft Marville, die später überging an die Grafschaft Luxemburg ¹).

Als Besitzern solcher Güter ging es ihnen aber nicht besser, als den merowingischen Königen. Diese hatten keine andern Wohnsitze als die von den Römern verlassenen Festungen, Kastelle und Villen. Hier hielten sie, gleich Nomaden, sich karawanenartig auf, so lange die Gegend ihnen Weide, Vieh und Proviant darbot. Waren diese aufgezehrt, dann zogen sie weiter, um erst ein oder mehre Jahre nachher wiederzukommen ²).

So lebten auch, allem Anscheine nach, die Eltern des hl. Audoen. Sie gehörten gewiß zu des Landes uraltem Adel, von welchem Guichardin spricht ³), aber auch sie hatten noch keinen stäten Wohnsitz und wanderten umher. Bald war ihr Aufenthalt zu Marville, bald zu Sauci bei Soissons, bald zu Ussi und bald auch, glauben wir, zu Wambas, dem spätern Niederwampach, welches sie als Eigenthum besaßen.

§. 3. Audoen's Erziehung und Jugend.

Zu Sauci (früher Sanci) befanden sich Autharius und Aiga, als ihnen ihr zweiter von Gott erflehter Sohn geboren wurde. Dieß geschah, da dieser 683 wahrscheinlich sein achtzigstes Jahr vollendete, um 603. Ausdrücklich setzt Valesius ⁴) das Ereigniß erst nach dem Beginne des siebenten Jahrhunderts, und zeigt, daß unter dem Geburtsorte Sanciacum nur Sauci an der Marne könne verstanden werden.

Von Sauci begab sich die gottesfürchtige Familie nach Ussi (früher Vulci und Wultiacum) an der

---

1) BERTHOLET, H. d. L. IV. S. 304 u. V. S. 174. — 2) P. FOISSET, Mém. d'antiq. Départ. d. l. Côte d'or. VII. 1. livr. 1866. S. 3. — 3) Descript d. Pays-Bas. — 4) Notit. Galliar. S. 500

Marne, wo sie, was wegen Verlängerung ihres dortigen Aufenthalts wahrscheinlich ist, begütert war. Hier traf sie Kolumban, als er 610, nach seiner Vertreibung aus Luxeuil, zu ihr auf Besuch kam. Dieser heilige Glaubensverkünder, welcher schon so manche Kinder und Familien gesegnet hatte, segnete nun auch die ihm von ihrer Mutter vorgeführten Brüder Ado, Rado und Dado. Ist hier der Ausdruck Segnen, dessen sich die Biographen bedienen [1]), auch nicht im verschleierten Sinne der Arcan-Disziplin, gemäß welchem der Missionär die Gesegneten getauft, im Glauben unterrichtet und zum Empfange der Heilsgeheimnisse angeleitet hätte [2]), zu nehmen, so dürfen wir darum doch mit mehren Auslegern nicht weniger vermuthen, daß der Erzieher so vieler Knaben auch Dado mit sich nach Luxeuil geführt und in dessen Seele die gesunden Körner gestreut habe, die sich bald entwickelten und nachher so schöne Früchte hervorbrachten. Wer dieser Vermuthung Werth beilegt, erklärt sich sofort ohne Weiteres, warum später die Audoen'schen Stiftungen Kolumban's Geist stets in Erinnerung brachten.

Wie dem übrigens aber auch sei, so steht allenfalls historisch fest, daß der zarte Audoen wie an Alter und Weisheit so auch an Kenntnissen aller Art zunahm und bald die glücklichen Anlagen zu erkennen gab, die ihm nach Kurzem eine so große Auszeichnung verschafften. Seine Humanitätsstudien absolvirte er zu Soissons.

Mit dem Wachsthum seines Wissens ging gleichen Schrittes auch das seiner Tugend und Liebenswürdigkeit vor Gott und den Menschen. Diese Eigenschaften bekundete er desto früher, je früher er sich dazu aufgemuntert sah durch das Beispiel und Vorbild seines nach dessen Tod als Heiliger verehrten Vaters.

Auch ist es ein Zeugniß für seine frühzeitige Frömmigkeit und Leutseligkeit nicht minder als für das ihr geschenkte Vertrauen, wenn berichtet wird [3]): daß er

---

1) MABILLON, Annal. Bened. XII, S. 706. — 2) Ähnlich wie « Benedicere mensæ » in der Biogr. des hl. Martin nach Dupuy u. Bucher, 1855. S. 98. — 3) Bollandisten. IV. S. 678 u. 797. —

schon als Knabe mit wunderbarer Hervorrufung einer lebendigen Wasserquelle zu Gunsten eines Frauenklosters und anderen glorreichen Gebetserhörnngen begnadigt wurde.

§. 4. Audoen am fränkischen Hofe.

Die frühzeitige Geistesreife, welche bei Audoen hervortrat, sein frommer Wandel, seine anmuthsvolle Tugend, so wie auch vorzüglich der hohe Adel und Ruf seiner angesehenen Eltern, zogen bald die Augen auf ihn und gewannen ihm Aller Herzen. Deswegen wurde er, bevor noch seine Erziehung beendigt war, schon von Chlotar II. an dessen Hof gerufen, um im Gefolge dieses mächtigen Fürsten oder ihm, wie man später sich ausdrückte, als Knappe zu dienen. Dieß geschah wahrscheinlich im Jahre 615, da derzeit eben der König auf einer Versammlung der geist= und weltlichen Großen die Lehensverfassung einführte.

Dem erhaltenen Rufe folgend kam Audoen, als er kaum zwölf Jahre zählte, mit seinen Brüdern in die Residenz und Nähe Chlotar's, bei welchem er kurz darauf die Stelle eines Referendars bekleidete. Später, nämlich im Jahre 628, ward er von dessen Sohne Dagobert I. auch noch zur Würde eines Siegelbewahrers und Urkundenfertigers oder Kanzlers erhoben. Daß er auch in dieser Eigenschaft längere Zeit thätig gewesen, beweisen die vielen von ihm ausgefertigten und mit seinem Siegel versehenen Schriftstücke, von denen mehrere sich bis zu Anfange der großen französischen Staatsumwälzung erhielten [1]).

Erst bei Bekleidung dieses Amtes zeigten sich in vollem Glanze die Gaben des Jünglings: seine Ge=

---

[1]) Nach Butler u. de Ram, Vies d. SS. Löw. 1831. XII, S. 233. —

rechtigkeit, Langmuth, Weisheit und insonders seine Liebe, die Basis seiner ganzen Politik[1]).

Nicht allein dem König, der ihn „vor all' seinen Leuten geliebt"[2]) und zu seinem Geschäftsführer erhoben, sondern auch dessen Beamten war Audoen bald sehr werth und angenehm geworden und stand bei ihnen in dem Ansehen eines Orakels. Gemäß seinem Wollen und Angeben wurden alle Staatsgeschäfte verrichtet und seinem Rathe folgten sämmtliche Bedienten des Hofes. Aber nirgends auch mißbrauchte er seinen hohen Einfluß, sondern wirkte dadurch überall nur Gutes. Den König ermahnte er, den König aller Könige zu fürchten, zu lieben und ihm zu gehorchen; die Unterthanen zu schützen und zu verschonen; die Diebe, Räuber, Mörder, Zauberer und Ketzer zu bestrafen oder aus dem Reiche zu vertreiben; sowie den Armen und Nothleidenden zu Hülfe zu kommen.

Diesen gewissenhaften Ermahnungen kam der Fürst anfänglich auch in Allem treu nach und gelangte dadurch zu einer Macht, die die seiner Vorfahren noch überragte. Kräftige Rechtspflege und Leutseligkeit gewannen ihm die Herzen des Volkes; auch hatte eine Rundreise in Burgund den besten Erfolg. Als er aber im Jahre 629 sich in Nenstrien niederließ, folgte er andern Rathschlägen, vergaß die Gerechtigkeit, griff in seiner Gier nach dem Gut der Kirchen und ergab sich schändlicher Wollust, so zwar, daß er seine Gemahlin Gomatrude verstieß, „drei Königinnen" und so viele Kebsweiber hielt, daß es der Chronik zu lange schien, sie zu nennen[3]). Den hl. Amandus, welcher ihm deßhalb Vorstellungen machte, verwies er dafür des Landes, ließ ihn aber 630, als ihm Sigebert geboren wurde, zurückrufen und bat ihn, denselben zu taufen, indem er sein früheres Verfahren bereute. Anfangs schlug ihm der Heilige die Bitte ab, ließ sich jedoch dann durch Audoen und Eligius zur Nachgiebigkeit bestimmen[4]).

---

1) BAILLET, vies d. SS. 24. Aug. — 2) Montalembert, Mönch. d. Abendl. Regensb. 1860. II. S. 564. — 3) FREDEG. c. 85—60. — 4) Rohrb. l. c. 227.

Je weniger aber nun auf die Gesinnung des Fürsten zu bauen war, um so mehr fühlte Audoen, wieviel er von den Gefahren zu fürchten hatte, die in seiner vielbewegten und verdorbenen Zeit das Hofleben umgaben. Um dem Geiste des Verderbens besser zu begegnen, schloß er sich erprobten Männern an, die ihn zur Standhaftigkeit ermuthigten, und führte mitten im Getümmel der Welt ein so frommes Leben, daß er eher ein Mönch, denn ein Laie, zu sein schien. Er war gar eifrig im Beten, streng im Fasten, unverdrossen im Wachen und Zurechtweisen, andächtig im Lesen der heil. Schrift und geistlichen Bücher, liebreich im Aufnehmen der Fremden, mitleidig im Aufsuchen und Bedienen der Armen und Kranken. Dabei trug er unter der Seide seines goldverbrämten Gewandes gar manchmal ein härenes Bußkleid [1] und war stets darauf bedacht, seinen Leib in der strengsten Dienstbarkeit zu erhalten.

§. 5. Audoen's Freundschaftsbund mit dem hl. Eligius.

Am Hofe lernte Audoen schon in seinem zarten Alter die hh. Desiderius, Remakel, Filibert, Cunibert u. A. kennen und verband sich mit dem hl. Eligius zu der innigsten und edelsten Freundschaft, die es je gab: sie wurden Ein Herz und Eine Seele und wetteiferten mit einander in gleichgesinntem Streben, in jeder Tugend und in allem frommen Werke. Von demselben Augenblicke an theilten sie sich gegenseitig mit, was ihnen am Herzen lag, auch ihre geheimen Anliegen und Wünsche, und entschlossen sich, dem Herrn in Allem auf das Treueste zu dienen.

---

[1] Butler, a. a. O. S. 234; Surius, ad 24. Aug.; Dionysius v. Lbg. ad 23. Aug.; u. das anonyme Mscr. im Pfarrarch. zu Niederw. —

Derzeit gab es zu Paris viele Simonisten und gottlose Irrlehrer. Um sie zu verscheuchen, gesellten sich Audoen und der heil. Eligius einander bei, bewirkten im Vereine mit den nachherigen Bischöfen Sulpicius und Desiderius die Abhaltung eines Concils zu Orleans, und bekämpften auf das Entschiedenste die unablässig wiederkehrenden Eroberungsversuche der Häreste.

Weil sie zu gleicher Zeit recht wohl wußten, daß Thron und Reich am sichersten und glücklichsten seien, wenn die Religion geehrt wird, so arbeiteten sie auch unermüdlich dahin, den Priesterstand zu heben, die Geistlichen auszubilden und zu veredeln, und die Kirche zu reinigen von allen Mängeln und Gebrechen.

Da Audoen erst zwölf Jahre hatte, als er mit dem heil. Eligius in vertrauter Bekanntschaft zu leben begann, so war es natürlich, daß er als dessen Jünger sich in Allem einem so vollkommenen Muster nachzubilden strebte. Sein Eifer in dieser Beziehung war derartig, daß er sich nicht allein die Züge sondern auch die Erlebnisse seines Vorbildes auf's Tiefste einprägte und sich somit in den Stand setzte, davon die auf uns gekommene begeisterungsvolle Schilderung zu entwerfen.

Auf diese Schilderung kommen wir noch zurück.

§. 6. Audoen's zunehmende Wirksamkeit.

Während Audoen mit Allem, was er vermochte, seinem Fürsten zu Dienste stand, hörte er nicht auf, auch auf kirchliche Würdner und Andere durch seine Frömmigkeit und Wissenschaft einzuwirken. Die letztgenannten Vorzüge wurden Ursache, daß selbst Bischöfe sich öfter bei ihm Raths erholten und es bei bedenklichen Vorkommnissen und Fragen auf seinen Entscheid ankommen ließen. Auf seinen Rath setzte die h. Bathilde, Chlodwig's II. Wittwe, der wachsenden Simonie Schran=

ken und weihete die heil. Bertila sich dem klösterlichen Berufe und Dienste des Herrn. Der Brite Judicael lehnte Dagobert's Einladung zur Tafel ab, um bei Audoen speisen zu können ¹). Diesem letzteren selbst aber war solcher Zuwachs an Ansehen und Einfluß nur ein Mittel, den Namen Gottes um so mehr zu verherrlichen ²).

Da Audoen in den Klöstern erblickte, was sie wirklich waren, die Quelle der Kultur und Sittlichkeit, die Arche der Literatur und Wissenschaft, sowie die einzige Pflanzstätte des Klerus, so ging auch sein Bestreben stets dahin, sie am Hofe und überall nach Kräften zu stützen und zu schützen. Eine Folge seiner Vorliebe für diese Bildungsanstalten war es, daß er selbst deren mehrere gründete. Seine erste Gründung dieser Art war die Abtei Rebais, so von dem sie bespülenden Bache, von Audoen selbst aber „Jerusalem" genannt, welche er auf seinem Liegenthum im Walde des Juragebirges bei Brie ³) aus eignen Mitteln erbauen⁴) und von den hh. Bischöfen Faro und Amandus am 22. Febr. 635 einweihen ⁵) ließ, worin er in Bälde 80 Mönche versammelte, und ihnen für Kirch' und Küche den nöthigen Bedarf verschaffte. Die Leitung des Klosters überwies er auf Anrathen Faro's dessen Neffen, dem heil. Agilus, einem durch Frömmigkeit und Kenntnisse hervorleuchtenden Missionär. Denselben setzte ein zu Clichi 636 gehaltenes Concil zum Abt ein; was es aber, da ihn zu gleicher Zeit die Städte Metz, Langres und Besançon zum Bischofe verlangten, nur mit besonderer Hülfe des Hofes bewerkstelligen konnte.

Zwar hatte auch Audoen aufrichtig gewünscht, in dem von ihm gegründeten Stifte Mönch zu werden und sein Leben zu beschließen; allein diesen Wunsch gab er schon vor Agil's Beförderung auf, sobald nämlich der Landesherr, „ohne dessen Einwilligung kein Höriger in den religiösen Stand eintreten durfte ⁶)", ihm des-

---

1) Rohrb. l. c. S. 232. — 2) Vies d. SS. Butler etc. Löw. 1831. XII. S. 234. — 3) Mabillon, I. S. 570. — 4) Butler, l. c. — 5) Rohrb. l. c. S. 233. — 6) Synode v. Reims v. J. 625, R. 6. —

halb Gegenvorstellungen machte. Von diesem Augenblicke an begnügte er sich mit der Seele zu weilen in der Zelle, während er fortfuhr dem Leibe nach zu wohnen am Hofe.

Schon nach Kurzem, nämlich 636, starb Dagobert und ihm folgte in der Regierung sein Sohn Chlodwig II. Dieser erwies seinem rechtschaffenen Kanzler nicht weniger Achtung, als zuvor sein Vater. Darum behielt er ihn auch in derselben Eigenschaft bei und gab, als derselbe Kleriker werden und die Tonsur empfangen sollte, nur ungern dazu seine Beistimmung[1]); denn er fürchtete, dadurch von ihm getrennt zu werden.

Die Lehre der Monotheleten: daß Christus nur einen göttlichen und keinen menschlichen Willen gehabt habe und folglich kein wahrer Mensch gewesen sei, tauchte inzwischen auch im Abendlande auf. Einem derselben, welcher aus dem Oriente nach Autun gekommen war, gelang es Viele in sein Netz zu verstricken. Um so mehr aber widersetzten sich ihm Audoen und Eligius mit andern kirchlich gesinnten Männern und bewirkten, daß auf Befehl Clodwigs II. eine Synode zu Orleans zusammentrat. Der Häretiker wurde vorgeführt, wußte aber anfangs durch seine Gewandtheit Allen Stand zu halten und, wenn er in die Enge getrieben zu sein schien, wie ein Aal zu entschlüpfen. Endlich aber gelang es, ihn zu überführen, und er wurde aus Gallien verwiesen[2]). Dieß mag schon vor 640 geschehen sein, weil es geschah, als Eligius noch Laie war. Dieser ließ auch einen Abtrünnigen, einen angeblichen Bischof und andere Betrüger desselben Schlages, welche das Volk verführten, des Landes verweisen, und schritt unter Audoen's Beistand überall ein, um die Gläubigen zu sichern vor Abfall und Schisma.

Gleichzeitig mit dem Monothelismus waren auch seit den Tagen der unmenschlichen Brunehilde Simonie

---

1) **Butler**, l. c. — 2) **Surius**, P. Dionys. v. Lbg. u. **Butler**. —

und verwandte Mißbräuche im ganzen Frankenreiche eingeschlichen. Bisthümer, Kanonikate und Pfarrämter wurden um Geld gekauft und verkauft. Dem um sich greifenden Übel trat Audoen entgegen und hörte nicht auf in den König und die Hofherren zu dringen, bis sie dasselbe förmlich untersagten, die alte Zucht wiederherstellten und die Pfründen fürder nur Frommen und Würdigen zu verleihen verordneten.

Beim Anblicke des von Audoen entfalteten Eifers dachte Keiner mehr ihm das Ergreifen des apostolischen Berufes abzurathen, sondern lagen vielmehr der König und die Geistlichen ihm sogar an, daß er die höhern Weihen empfangen möge, um sodann desto mehr Seelen zu gewinnen und Gutes zu stiften.

Diesem heilsamen Ansinnen gab der fromme Kanzler auch bald nach; denn nach dem Hingange des hl. Romanus sah er nicht allein, daß er nunmehr die Übernahme der Bischofswürde nicht mehr umgehen könne, sondern fühlte sich zugleich auch gedrungen, mit dem Beispiele zu zeigen, wie die Geistlichen ihrer Pflicht nachkommen und die Welt verachten sollen.

§. 7. Audoen's Priester- und Bischofsweihe.

Bevor aber Audoen Priester ward, wollte er sich auf diese Würde noch durch Einhaltung der kanonischen Vorschriften und durch gute Werke vorbereiten. Zu diesem Behufe reisete er umher, ermahnte zur Bußfertigkeit, wurde Vieler Rathgeber und spendete geistliche und leibliche Wohlthaten. Erst nach solcher Vorbereitung empfing er unter der Händeauflegung des Bischofs Deodat von Macon die heilige Weihe[1].

---

1) MABILLON, ann. I. 3. 377. —

Durch seinen Tod hatte der hl. Romanus den Bischofssitz Rouen erlediget und Audoen war auf Verlangen dieser Stadt einstimmig zu dessen Nachfolger erwählt worden vom König, Klerus und Volke. Obwohl der Erwählte sich anfangs wider die Wahl sträubte, so erkannte er doch bald, daß er sich in dieselbe um des Gehorsams willen zu fügen habe. Zwar verschob er noch auf einige Zeit seine Weihung zum Bischofe; aber er that es bloß, um dieselbe darnach desto würdiger empfangen zu können.

In dieser Absicht verließ er nicht allein die Hofgenossen, sondern verabschiedete sich auch vom König, schiffte über die Seine und Loire, verkündete den in die Ketzerschlingen Gerathenen den wahren Glauben und begab sich nach Spanien, wo er im Jahre 639 mehren wegen siebenjähriger Trockenheit fast verschmachtenden Pfarreien, wie ein anderer Elias, einen erquickenden Regen von Gott erflehete [1]).

Nach seiner Rückkunft aus Spanien zog er sich nach Rouen zurück und empfing hier im folgenden Jahre zugleich mit seinem Busenfreunde, dem hl. Eligius, an ein und demselben Tage die Bischofsweihe [2]). Beide wurden, gemäß gallischem Brauche [3]), auf goldenem Sessel von den Händen der Bischöfe getragen. Dieß geschah in der St. Eligius-Kirche [4]) am Sonntag vor den sogenannten Bitt- oder Kreuztagen, am 21. Mai 640 [5]).

§. 8. Audoen als Bischof.

Wie heilig Audoen als Bischof gelebt habe, ist kaum zu schildern. Die bisherige Strenge seines ascetischen Lebens milderte er nicht allein nicht, sondern

---

1) Mscr. im Pfarrarch. zu Niederw. — 2) Vit. Elig. II, 1. — 3) Rohrb. l. c. S. 381. — 4) Cochet, a. a. o. — 5) Ib. S. 340. —

schärfte sie auch noch. Viel demüthiger von Herzen war er nunmehr als zuvor, gravitätischer von Angesicht. Entfärbt vom Fasten waren seine Lippen, blaß seine Wangen und stets von Thränen befeuchtet. Um seinen Hals trug er ein metallenes Band, um seinen Leib einen eisernen Reif; weder schlief noch aß noch trank er sich satt. Stets arbeitsam wie er war, trug er auch den abgelegensten Orten das Wort des Lebens. Seine Sorge erstreckte sich zunächst auf die lebendigen, dann aber auch auf die materiellen Tempel des hl. Geistes. Er stiftete neue Klöster, verbesserte die bestehenden, und erbaute viele Spitäler und Gotteshäuser. Seine Parochial= oder Domkirche schmückte er derart aus, daß es dergleichen nicht mehr gab im ganzen Frankenlande. Für die Kranken hegte er die größte Sorgfalt, versah sie mit Arzneien, wies ihnen Wärter an und diente ihnen selbst wie seinen lieben Kindern. In Beförderung des äußern Kultus zeigte er sich gar eifrig, in Ausreutung des Lasters unerbittlich, in der Gottseligkeit als ein ausnehmenes Muster. Die ihm untergebenen Geistlichen unterwarf er stets einer strengen Zucht, so zwar daß er sich einst von Ebroin und dessen Anhange bethören ließ, selbst den heil. Abt Filibert, was er dann ohne Säumniß wieder gut machte, gefangen zu setzen[1]), sorgte dagegen aber auch bestens dafür, daß Kleriker die nöthige Ausbildung und alle Träger kirchlicher Ämter ein standesmäßiges Auskommen finden sollten. Die heiligsten Äbte seiner Zeit zog er in seine Nähe, so den letztgenannten, den hl. Geremarus und Andere, welche, von ihm unterstützt, berühmte Klöster errichteten. Auf seinen Rath verließ Geremarus den Hof, übergab seinem Sohne seine Besitzung, beschenkte die Armen, empfing die Tonsur und erbaute nachher St. Germer[2]). Von ihm erhielten Wandregisel und dessen Klosterkirche zu Fontenelle die Weihe, die Abtissin Angadrisma den Schleier[3]), und die hh. Ansbert und Hermeland die Priesterwürde[4]). Daher sah es

---

1) Rohrb. l. c. S. 411. — 2) Ib. S. 341. — 3) Ib. S. 412. 4) Ib. —

denn auch mit den Priestern seiner Diözese, mit der Frömmigkeit und Tugend aus, wie sonst in keinem andern fränkischen Sprengel; und der Größe der dadurch verbreiteten Ordnung kam gleich nur die Größe der Anstrengung, womit sie gepflogen und gehandhabt ward.

Wie unaufhaltsam Audoen der Simonie und den daraus entsprungenen Mißständen zu Leibe zog, bekundete er bei jeder Gelegenheit, die sich ihm darbot, als Rächer und Vollzieher der kirchlichen Verordnungen aufzutreten. So streng er aber in diesem Stücke, so nachgiebig auch war er in andern. Besonders schonend und zuvorkommend bewies er sich gegen die Reumüthigen. Mit den Schwachen und Verlassenen trug er Mitleid. Unvergleichlich war seine Mildthätigkeit gegen die Dürftigen und Nothleidenden, unerschöpflich seine Freigebigkeit im Spenden der Almosen. Nur Geben war ihm Besitzen. Auch zu ihm, wie zu Eligius, „strömten die Armen wie die Bienen zum Bienenstocke". Wo Wunden zu heilen waren, da auch war er. Weil er sich selbst Allen gern hingab, so wußte er auch vermöge seiner unermüdlichen Geduld und Leutseligkeit, wie einst der Weltapostel[1]), „Allen Alles zu werden"[2]).

§. 9. Audoen auf den Synoden zu Châlons-sur-Saône und zu Nantes.

Sobald Martin I. den päpstlichen Stuhl bestiegen, ließ er im Herbste des Jahres 649 in der Laterankirche eine Synode, auf welcher hundert und fünf Bischöfe die monotheletische Lehre des Sergius, Cyrus, Theodor, Pyrrhus und Paulus verurtheilten, abhalten, beauftragte den hl. Amandus mit der Bekanntmachung

---

1) Cor. 9. — 2) Butler rc. Löw. 113. XII, 234. —

ihrer Beschlüsse in Gallien, verlangte die förmliche Zustimmung einer gallischen Synode, und bat den König Sigebert, einige Bischöfe seines Reiches, weil sie unabhängiger waren als die italienischen, nach Rom zu schicken, auf daß sie sofort als Legaten des apostolischen Stuhles die Akten der römischen Synode und der noch zu haltenden fränkischen dem Kaiser von Konstantinopel überbringen sollten.

Audoen und Eligius, welche damals schon auf bischöflichen Stühlen saßen, hätten diese Mission gern übernommen, aber ihrer Abreise stellten sich Hindernisse, unbekannt welche, entgegen [1]).

Sigebert's Sohn, König Chlodwig II., ließ eine Synode von neustrischen und burgundischen Bischöfen zu Châlons-sur-Saône zusammentreten. Das Jahr ist nicht mit Sicherheit festzustellen; doch mag es kurz auf die Lateransynode von 649 gefolgt sein, da der erste Kanon von Châlons das zu Rom vertheidigte Symbolum von Chalcedon von Neuem einschärft. Acht und dreißig Bischöfe aus Chlodwig's Reich waren persönlich zugegen, darunter auch Audoen mit noch fünf andern Metropoliten [2]).

Wie es scheint, hielt der Papst diese Versammlung für zu wenig zahlreich, um dadurch seine Absicht vollkommen zu erreichen. Auf seinen Befehl wurde daher um dieselbe Zeit, wie Hodoard meldet [3]), von allen gallischen Bischöfen ein National-Concil zu Nantes gehalten. Aber leider sind die Akten dieser Versammlung nicht erhalten [4]); auch finden wir sonst keine Nachricht, was auf derselben verhandelt worden sei. Gleichwohl dürfen wir, da sie auf päpstliche Anordnung berufen ward, von vornherein annehmen, daß sie sich mit Beschlußnahmen wider den Monathelismus abgab. Auch hegen wir nicht den mindesten Zweifel, daß an ihr auch Audoen, der Concilienförderer und

---

1) Rohrb. l. c. S. 348. — 2) Ib. S. 350. — 3) Hist. Rem. 28 bei Mansi XI, 59. — 4) Mit Recht werden die ihr zugeschriebenen u. bei Hefele III, 97 f. aufgeführten Kanones bestritten. S. Hartwig, Forsch. z. d. Gsch. I, 135. —

entschiedene Bekämpfer der Neuerungen, sich ebenfalls betheiligt hat. Man setzt sie gewöhnlich in das Jahr 658, doch dürfte sie auch schon früher stattgehabt haben.

§. 10. Audoen's Stiftungen.

Groß war, wie aus dem Bisherigen erhellt, Audoen's Wollen und Vollbringen zu Gunsten der Religion und der leidenden Menschheit; groß sein Wort und seine That; groß sein Eifer für die Reinerhaltung der Lehre; groß die Zahl Derjenigen, denen er den von der Welt nicht verleihbaren Frieden verlieh; aber viel größer noch die der Rath- und Hülflosen, denen er als Helfer und Tröster, wie vom Himmel gesendet, erschien.

Während er aber allen vorhandenen Bedürfnissen, soweit es nöthig und möglich schien, abhalf, war er zugleich darauf bedacht, auch den erst kommenden und sogar nach seinem Tode noch zu begegnen. Mit dem Acker der Gegenwart besäete er auch schon den der Zukunft. Was er von seinem Einkommen nicht sogleich verbrauchte für die Mitwelt, sparte er auf zu Wohlthaten für die Nachwelt. Wie der Baum, so waren zwar auch die Früchte; allein diese sollten großentheils jenen überleben und sich verwandeln in Segensquellen für die späteren Enkel.

So kam es denn, daß Audoen nicht nur Kirchen und Krankenhäuser erbaute, sondern auch und vorzüglich zur Gründung von Klöstern, zu deren Erbauung und Vollendung beitrug, selbst neue aufführte und unzählige in der Näh' und Ferne beschenkte, stärkte und hob.

Die besondere Vorliebe, welche der Heilige in Bezug auf die Klöster bethätigte, hatte ihr Hauptmo=

tiv im Charakter der Zeit. Damals waren diese Institute nicht allein nützlich, sondern auch als die noch einzigen Heerde der Gesittung und des wissenschaftlichen Lebens unentbehrlich. Sie vertraten die Stelle des Gymnasiums, des Seminars und der Universität, der Kunstschule und Manufaktur, und bildeten den Mittelpunkt des Handels und des Verkehrs. Jedes Kloster war ein Sitz der Tugend und eine Quelle des Segens. Hier wurden die Priester, Seelsorger und Oberhirten, auch begeisterte Sendboten des Glaubens erzogen. Dem Jahrhundert gaben die Klöster seine Gelehrten, den Fürstensöhnen ihre Bildung, den Königen ihre Räthe und Beamten, dem Volke seine Richter, den Zeitgenossen ihre Freiheit, den Nachkommen ihre Gesetzbücher und Denkmäler der Vorzeit, der Geschichte ihre Urkunden, dem Latein seine Allgemeinheit. Die Hand der Mönche trocknete die Sümpfe aus, lichtete die Wälder, verwandelte die unwirthlichsten Gegenden in lachende Fluren und gestattete ihnen die Ausübung der Wohlthätigkeit und Gastfreundschaft. Dieß und ihre strenge Sittlichkeit erwarb ihnen allseitige Verehrung und Liebe und freudige Gaben in reichlichem Maße [1]).

Kein Wunder denn, daß Audoen eine so große Begeisterung an den Tag legte für diese Art Anstalten. Zuerst stiftete er, wie bereits gesagt, die Abtei Rebais nach St. Kolumban's Regel, und mag auch durch seine Rathgebung bewirkt haben, daß später mit ihr auch die von Autharius erbaute und zu einem Priorat erhobene St. Niklauskapelle zu Marville vereinigt wurde [2]).

Zwei Stunden von Evreux, nächst dem Flusse Eure, woselbst Audoen ein wunderbar leuchtendes Kreuz gesehen hatte, errichtete er bei seiner letzten Rundreise zwar ein an die gehabte Vision erinnerndes Zeichen;

---

[1]) Vgl. Alzog Kgsch. 5. Aufl. I. S. 363 u. Aschbach, Lexik. I. S. 642. — [2]) BERTELS, H. L. 1850. S. 167. —

aber dem hl. Leufred war es vorbehalten, erst das daburch vorbedeutete Kloster in's Leben zu rufen¹).

Unweit der Seine-Insel Belfinaca, wo Audoen eine Engelerscheinung hatte, errichtete er ein Armenhaus nebst einer dem heil. Stephan geweiheten Kirche und dotirte es mit Einkünften²).

In einem spätern Jahre gründete Audoen ein Nonnenkloster in eigener Weise. Der hl. Waning, früher Pfalzgraf unter Chlodwig II., hatte in einer gefährlichen Krankheit ebenfalls eine Erscheinung: Die h. Eulalia, von ihm besonders verehrt, versprach ihm noch 20 Jahre Lebzeit, wofern er auf seinem Gute Fécamp (Caux) und unter Audoen's Leitung ein Kloster erbauen lasse. Waning gelobte es und erhielt sofort seine Gesundheit wieder. Um nun sein Versprechen zu erfüllen, schenkte er sein genanntes Gut dem Bischofe von Rouen. Dieser errichtete daselbst ein Kloster, worin er über 300 Nonnen versammelte, zur Abtissin eine heil. Jungfrau Namens Childemarcha und den Abt Wandregisel von Fontenelle zum Vorsteher bestellte. ³)

Die Hauptstiftung Audoen's jedoch, diejenige, die er mehr als die andern bedachte, war das von Chlotar bereits erbaute Kloster St. Peter und Paul bei Rouen. Dasselbe dem vom h. Eligius gegründeten zu Solignac bestens nachbildend, suchte er ihm auch dessen Geist einzuhauchen, es von Neuem zu dotiren und zu beleben. Wieviel segenreiche Früchte er aber hieburch erzielte, wieviel Gutes er nach allen Seiten hin verbreitete und wieviel fromme und gelehrte Männer er der Kirche und dem Staate zu entsenden Gelegenheit verschaffte, können und müssen wir den Lokal- und Spezial-Geschichten darzustellen überlassen⁴).

Außer dieser Abtei, in welche der Heilige begraben ward und auf die er seinen Namen und sein

---

1) Butler u. de Ram, l. c. auf den 21. Juni.— 2) Boll. Aug. 4. Bd. S. 816. — 3) Rohrb., l. c. S. 262. — 4) POMMERY, Hist. abb. s. Audoeni. -

Schutzpatronat vererbte, errichtete derselbe auch noch subalterne Häuser, unter anderen das Priorat Vaux-les-Moines (Mönchsthal), eine das Luxemburger Land berührende Stiftung, welche er der von Rouen unterwarf.

Die Gründung dieses Priorates schreibt Bertels [1]) dem um 570 nach dem Frankenland entsendeten Lieblingsjünger des hl. Benedikt, dem hl. Maurus, zu, während die „Viri illustr. luxbg." den hl. Audoen für dessen Fundator erklären [2]). Dieß könnte einen Zeitunterschied geben von 100 Jahren. Allein das Wort Fundare, wie die Bollandisten und Mabillon richtig bemerken, bedeutet auch soviel als Erneuern und Verstärken. War aber Audoen bloß Erneurer und Verstärker des genannten Institutes, dann enthalten die beiderlei Angaben, die von Bertels und die des angezogenen Manuskripts, keinen Widerspruch mehr.

Da das Priorat Vaux-les-Moines und dessen Umgebiet nebst Marville ein halbes Jahrtausend später, nämlich im Jahre 1196, Ermesinden's Tochter Elisabeth und deren Gemahl Walram, Grafen von Faulquemont, erblich zufiel, so kam dadurch bald nachher dieser Grundbesitz unter die Botmäßigkeit des gräflichen Hauses von Luxemburg [3]), und somit der Erneurer des genannten Stiftes selbst in eine neue Beziehung zum Lande der Luxemburger und der darin herrschenden Dynastie. Und weil dieser Erneurer schon durch Vaux-les-Moines auf die Umgegend auch später noch wirkte, so läßt sich unbedenklich annehmen, daß er keineswegs sonder Einfluß auf unser gräflich und dann herzoglich gewordenes Land geblieben sei.

Allein diesen Einfluß müssen wir uns noch als viel bedeutender vorstellen, wenn wir durch die „Viri ill. luxbg.", das Lbgr. Regierungs-Archiv und eine alte Tradition erfahren, daß Audoen dem Priorate Vaux-les-Moines auch die Kirche von Niederwampach

---

1) H. L. Seite 306. — 2) Oben Seite 27 — 3) BERTELS, Seite 108; und J. ULVELING, Tabl. de l'H. d. Lbg. 1832. Seite 4.

annektirte, und wenn wir aus der ihm letztern orts er=
wiesenen großartigen Verehrung sogar folgern, daß ihm
diese Gegend ihre früheste Christianisirung zu verdanken
habe.

Es leuchtet hiedurch von selbst ein, wie wichtig
hier unsere Erörterung sein dürfte für unsere Landes=
genossen. Wir kennen keinen historisch aufgeführten
Apostel, der in unsern Kantonen erweislich vor Au=
doen die Saat des Heiles ausgestreut hätte. Der Leser
wird es uns demnach nicht verargen, wenn wir diesen
Punkt etwas einläßlich berühren und zu diesem Behufe
bei dem erwähnten Priorate und dem zu Niederwam=
pach ausgeübten Apostolate ein wenig verweilen.

§. 11. Vaux-les-Moines.

Diese frühzeitige Stiftung, welche seit Audoen's Leich=
namserhebung unter dem Patronate dieses Heiligen
stand, verdankte Letzterm insbesonders ihre Blüthe. Von
ihm her, glauben wir, datirte ihre ausgezeichnete Benefi=
cial=Ausstattung, von welcher Bertels spricht [1]) und
die ihr im Jahre 1534 eine freiwillige Beisteuer von
24 und 70 Sl. 6 St. für den Kaiser ermöglichte [2]).

Von der Zeit seiner Neubegründung ab befand
dieses Priorat sich zu St. Audoen von Rouen in dem=
selben Verhältnisse, wie später das St. Nikolaus=
Priorat bei Marville zur Abtei Rebais, d. h. erhielt
von St. Audoen aus seine Anordnung, Verwaltung,
seine Patres und seinen Prior. Weil es nach dem
Geiste der neuen Priorate eingerichtet war, so läßt sich
denken, daß es auch, wie gleichzeitig Irmina's Stif=
tung zu Echternach [3]), zur Beherbergung irischer

---

1) H. L. S. 360. — 2) W. Schram, farrago lit. Mscr. i. Rgsarch., Fol. 125 u. 159. — 3) Apost. d. hl. Willibr. S. 17.

Mönche, welche ohnehin zu Kolumban und Auboen zahlreich herüberkamen ¹), bei Tag und Nacht offen stand und desto öfter derlei Missionäre aufnahm, als es einem großen, Gallien mit Deutschland verbindenden Heerwege näher lag.

In einer Niederung des Wawergaues nächst Avioth, an einem der Korn zufließenden Mühlbache, reiheten sich nach und nach mehre Bauten aneinander zu einer Gruppe, aus deren Mitte ein Kirchlein mit weithin einladendem Thurme emporstieg. Dieß war und ... c ein Jahrtausend die Lage und das Aus... s seinen Namen verdienenden „Vaux-les-... (Vallis monachorum). Von Anfang her ge... nebst fünf französischen Dekanaten dem Erz... Trier an, wurde von dort aus auch beständig ...rtlich verwaltet, mit Ausnahme des kurzen Zeit... itts, während dessen es dem Hirtenstabe des hl. ofs Paul von Verdun untergeordnet war. Von der ischen Oberhoheit kam es, wie schon erwähnt, ... die Luxemburg's, unter welcher es verblieb bis zu seiner Einverleibung in Frankreich in Folge des pyrenäischen Friedens 1659.

Von verschiedenen Seiten her erhielt die hübsche Stiftung Geschenke und Vortheile, so z. B. im Jahre 1328, wo Graf Ludwig von Chiny deren Schirmvogtei übernommen, in dessen Waldungen ein bedeutendes Holzungsrecht ²), sowie auch das Patronat und die Verwaltung verschiedener Kirchen ³).

Von diesen letztern ist aber, in Bezug auf den Zweck gegenwärtiger Schrift, keine so erwähnenswerth, wie die von Niederwampach, welche von dem beschriebenen Priorate seit den Tagen Auboen's abhing und abhängig blieb bis zur Aufhebung des Jesuitenordens.

---

1) MABILL. ann. I. S. 569. — 2) Regs.-Arch. Bünd. Vaux-les-Moines. — 3) AL. PREVOST, P. Ph. Scouville 1866, S. 183.

§. 12. Niederwampach zu Audoen's Zeit.

Schon zu der Lebzeit Audoen's bestand Niederwampach, freilich unter einem romanischen Namen, als der Rest eines Römeraufenthalts, nämlich eines Kastells oder einer Villa. Hiefür sprechen außer der Tradition und dem „Viri ill. lxbg." auch die an Ort und Stelle, oder auf dem Berge nächst Niederwampach und rings umher gefundenen Bauspuren, die frühzeitige Entwaldung dieser Gegend und besonders die nahegelegenen Tumulen und Straßenreste der Römer.

Was den Berg bei Niederwampach betrifft, so ist derselbe von dem jetzigen Dorfe kaum 200 Schritte entfernt, sticht durch seine Gestalt sowohl als seine Lage hervor und trug einst, wie es scheint, ein Kastell. Wenn man auch heutigen Tages keine Ruinen mehr auf demselben bemerkt, so kömmt das bloß daher, daß einer seiner letzten Eigenthümer sie vor Kurzem ausgrub. Gleichwohl glaubt man auf seinem Gipfel auch jetzt noch die Fundamente einer Ringmauer zu erblicken; und auch jetzt noch liegt rings umher der Boden bedeckt mit Steinen [1]). Es verdient mithin auch volle Beachtung, wenn die Ortstradition versichert, auf dem „Käsel" (Kassel, Kastell), wie der Berg heißt, habe vorzeiten eine achtzigthürmige Burg, d. h. wohl ein viertoriges Römerkastell gestanden und von hier habe ein Weg mit einer Brücke hinübergeführt zu der Pfarrkirche [2]).

Überdieß unterliegt es auch keinem Zweifel, daß von Alters her bis in die jüngste Vergangenheit zu Wampach und Schimpach herrschaftliche Familien lebten, deren Ahnen nacheinander den „Käsel" bewohnten. Einer dieser Bewohner war Johann Chaudrons, Herr von Nuville und Eidam Abier's v. Wampach. Ihm verdankte man eine Meßstiftung [3]), die er der dortigen Kirche St. Audoen [4]) am 18. Mai 1340 überwies.

---

[1]) u. [2]) Hr. Heinericy, Nr. v. 23. Sept. 1866. — [3]) Urkunde d. Pfarrarch. — [4]) « A l'investied de Mr. St. Oudi », sagt die Urk. im Textstile jener Zeit. —

Bon seinem verdeutschten Namen will man auch das Wort „Käsel" ableiten, was aber unsers Bedünkens keinen Beifall verdient, da diese Benennung hierwärts viel älter ist, als die französische.

Ringsher um das Kastell bestanden auch andere römische Denkmäler noch, auf deren Spuren man heute stößt.

Auf der Anhöhe zwischen Niederwampach und Benonchamps, oder dem sog. „Steinmann", befanden sich mehre Tumuli und, wie Viele wollen, sogar ein Lager.

Vor ungefähr 30 Jahren entdeckte man am Zusammenhange des „Käsel" mit dem Niederwampacher Bergrücken alte Gräber, vor 10 Jahren oberhalb des „Käsel" Grundmauerreste, einen Hypokaust und Urnen[1]). In Baufundamenten zwischen Niederwampach und Grumelscheid fand Hr. Stephany auch eine Minerva und einen Dianenkopf[2]).

Bei Oberwampach hinterließen die Römer nicht bloß einen Tumulus[3]), sondern auch den sg. „Kiemel" oder Rest einer Straße, welche einerseits nach Weiswampach und Thomen und andrerseits über Harlingen nach Arlon und Etalle hinzog. Auch Tumulen fand man bei Niederwampach, Trotten, Heinerscheid und Asselborn[4]), sowie beim Schlosse zu Grumelscheid ein Begräbniß mit einer Platte, Lampen und Urnen[5]).

Demnach ist als begründet anzunehmen, daß die Römer hierwärts längere Zeit hauseten, mehre Villen in der Nähe, zu Schimpach, Oberwampach, Grumelscheid, Longvilly ꝛc. unterhielten, diese, weil sie umher Holz, Wild, Wasser, Krebse, Forellen, Weide und Jagdgefilde in Überfluß fanden, auch eine Zeitlang bewohnten, hierorts den Ardennwald lichteten und ihren unmittelbaren Nachfolgern, den Franken, von denen sie keineswegs sämmtlich und auf einmal vertrieben wur=

---

1) Publ. arch. Lhg. VI. S. 196. — 2) Hr. Heinerich, Br. 29. März 67. — 3) Publ. VII, S. 108. — 4) Publ. IVI, S. 112 u. 113. — 5) Publ. VII, S. 232. —

den, mit dem ihm gegebenen Namen „Campus" über=
ließen. Mit diesem Namen benannten sie ja auch hin
und wieder noch andere Lichtungen und Ortschaften,
wenn derselbe sich nachher auch in den romanischen
„Champs" verwandelte. Zu Nieder= und Oberwampach
blieb die Benennung „Campus" länger üblich, weil hier
die römischen Ansiedler sich länger wider ihre Verdränger
zu behaupten wußten.

Zu diesen Ansiedlern gehörten auch, wie wir nun
unterstellen dürfen, die Ahnen Audoen's, welche laut
ihres oder ihrer Nachkommen Namens [1]) Römer waren.
Nach ihnen erst verwandelte sich, wahrscheinlich im
siebenten Jahrhundert, der Name „Campus", anfangs
wohl in „Gambais" [2]) und zuletzt in „Wambais" oder
Wampach. Was mit andern Namen geschah auch mit
ihm. Aus C ward ein G und aus G ein W. Wie aus
Kelten nacheinander Galen und Walen, so ent=
stand auch aus Campus zuerst „Gambais" und endlich
„Wambais".

Die hiesige nach Vaux-les-Moines verschenkte Kirche
mag damals nichts weiter gewesen sein als ein Ora=
torium, welches der fromme Autharius, Erbauer mehrer
andern Kirchen, in dem Kastell, seiner Jagdpfalz, er=
richtet und seinem Sohne Audoen erblich überlassen
hatte. Dies Oratorium war noch keine Pfarrkirche,
denn das Pfarrsystem wurde erst vom heil. Willibrord
hierlands eingeführt [3]) und durch Karlmann's Edikt
von 883 für die Stabelmachung der Landpfarrer ver=
breitet; ja, es war nicht einmal eine Volkskirche, son=
dern einfach eine Privat= oder Familienkapelle. Aber
desungeachtet welches Denkmal! Das erste hierländische
seiner Art, welches erwähnt wird und schon 300 Jahre
vor der frühesten Kapelle Luxemburg's bestand. Bei
Daleiden und zu Dalheim gab es auch Oratorien,

---

[1] Der älteste historisch bekannte Herr von Wampach hieß A b o, so auch einer von Arloncourt, welche beide Ermesinde's Hochzeit beiwohnten, während sonst kein Adelger des Landes unter diesem Namen bekannt ist. — [2] Auch Wambais bei Tournay hieß zuvor „Gambais". S. Mém. d. l. Soc. d. science. etc. du Hainaut, mars 1804. S. 85 ff. — [3] Apostol. d. hl. Willibr. § 3. —

wahrscheinlich konstantinische, aber sie waren später nur antiquarisch, d. h. durch alte Mauerreste konstatirbar.

Die Kapelle zu Wambais führte derzeit noch keinen besondern Titel, wurde aber, sobald Audoen öffentlich als Heiliger verehrt ward, unter seine Anrufung gestellt. Unter dieser steht auch seit unvordenklicher Zeit die Pfarre Niederwampach. Urkundlich wird selbst der Kirchhof nicht anders als „Cœmeterium s. Audœni" genannt[1]).

Mit der Kirche wird Audoen auch das den „Käsel" einschließende und von der französischen Republik nachher als Pfarr= und Kirchengut versteigerte Liegenthum, im Betrage von ungefähr 50 Morgen, geschenkt haben; demselben wird wenigstens kein anderer Ursprung zugedacht.

Etwa 10 Minuten von dem „Käsel" und der jetzigen Pfarrkirche befindet sich auch ein Born, an welchen sich eines Heiligen, wahrscheinlich Audoen's, Andenken knüpft, den man aber, weil des Heiligen Name für die deutsche Zunge wenig bequem ist, bloß mit dem Worte „Heiligenborn" bezeichnet. Einst rieselte diese Wasserquelle am Fuße einer sinnbildlichen Linde viel lauter, als jetzt; dennoch ist sie auch gegenwärtig noch nicht versiegt. Ihre Beziehung zu dem Heiligen aber ist nicht dahin zu erklären, als hätte er, ungeachtet es schon Piscinen gab[2]), noch aus ihr wie ein wandernder Missionär getauft, sondern vielmehr dadurch, daß er oder sein Jünger die hier vorgefundene heidnische Vergötterung durch eine christliche Weihe verdrängte.

§. 13. Vereinigung Niederwampach's mit Vaux-les-Moines.

Wie bereits erwähnt, verband Audoen die Kirche

---

1) Hr. Heinrich, l. c. — 2) CORBLET, Rev. de l'art chr. X, 2. S. 78–94. —

von Niederwampach sammt deren Einkommen mit dem Priorate Vaux-les-Moines. Hiedurch erklärt sich vollkommen, warum seit den ältesten Zeiten beide, die Kirche und das Priorat, immer unter ein und demselben Schutzpatrone, dem hl. Audoen nämlich, gestanden haben.

Für diese Thatsache zeugen nicht allein das „Viri ill. lxbg." und die Tradition, sondern auch andere Gründe, im Besondern mehre alte Schriften von Vaux-les-Moines [1]).

Gemäß diesen Dokumenten kamen Vaux-les-Moines und Niederwampach miteinander und gleichzeitig unter das Jesuiten-Rektorat von Luxemburg, wofür sich kein anderer Grund anführen läßt, als die damals aus früherer Zeit fortbestehende Vereinigung der beiden ersteren. Auch findet man darin bestätigt, nicht allein die von Hrn. Pruvost[2]) mitgetheilte Thatsache, daß der Jesuitenrektor als **Prior** das Präsentationsrecht auf eine gewisse Zahl Beneficien der Gegend besaß, sondern auch die besondere, daß er zu Niederwampach diese Gerechtsame ausübte.

Als im Jahre 1586 das Jesuiten-Kollegium zu Luxemburg errichtet werden sollte[3]), wurde mit dessen Dotation auch die Vereinigung der Priorate Vaux-les-Moines, Chiny, Longlier, Aywaille und Useldingen projektirt.

Diese Vereinigung kam zwar erst 1594 vollends zu Stande; dennoch bezogen die Jesuiten als Zehntherren von Niederwampach schon im Jahre 1587 von dort 9 Malter Spelz und 9 Malter Hafer. Diesen Zehnten genossen sie durch die Vermittelung ihres Rektors, welcher dabei aber nicht als solcher, sondern bloß in seiner Eigenschaft als „Prior von Vaux-les-Moines" figurirte: ein Umstand, der, auch für sich allein genommen, schon genugsam darthut, daß dieß Kloster bereits vor den Jesuiten das Patronats- und Zehntrecht zu Niederwampach besessen hat.

---

1) Rgs.-Arch. zu Lbg. — 2) A. a. O. S. 182. — 3) Rgs.-Arch.

Seit ihrer Berufung nach Luxemburg waren mithin die Jesuiten als Besitzer des Priorats auch Collatoren und Decimatoren zu Niederwampach und genossen als solche auch noch andere Rechte, wie z. B. das, 12 Stüber aus den jährlichen Opfergaben daselbst zu erhalten. Dagegen kamen sie aber auch, wie es scheint, den damit übernommenen Obliegenheiten in Allem treu und gewissenhaft nach. Ihnen gab Pfarrer H. Asselborn unter'm 4. Jan. 1735 ein anerkennendes Zeugniß. „Die Patres Jesuiten von Luxemburg, schrieb er in sein Kirchenregister [1]), haben 40 Rthlr. zur Erbauung unserer Kirche gegeben und selbige auf ihren Belast genommen als regelmäßige Decimatores und Collatores hiesiger Pfarre."

------

§. 14. Audoen's Apostolat zu und um Niederwampach.

Daß Audoen eine gewisse Zuneigung und Vorliebe zu seinem väterlichen und schon merklich umwohnten Erbgute „Gambais" möge gehegt haben, läßt sich ohne Weiteres vermuthen; daß er außerdem hier aber auch als Apostel gewirkt habe, ist ebenfalls erschließ- und unbezweifelbar aus einer Verehrung eigner Art, die ihm seit unvordenklichen Jahren in dieser Gegend zu Theile ward und in etlichen Stücken noch wird.

An einem dazu festgesetzten Tage nämlich und in bestimmter Reihenfolge kamen sonst 15 bis 20 Ortschaften in Wallfahrtsprozessionen nach Niederwampach, opferten dem hl. Audoen ihre Fahnen und löseten sie darauf, nach verrichteter Andacht, gegen eine bestimmte von ihnen entrichtete Taxe wieder ein. Bekanntlich war

------

1) Pfarrarch. zu Niederw. —

diese angelsächsische Verehrungsweise, die den ersten
Grad der Katechumenen dem zweiten der Büßer assi=
milirte¹), dieselbe, welche früher auch zu Echternach²),
Prüm und in andern Klöstern bestand und mittelst
welcher bestimmte Gemeinden sich als eine geistliche
Erstgeburt anerkannten und dem Heiligen, dem sie die=
ses Glück zu verdanken glaubten, dafür ihre tiefste
Huldigung bezeugten. Auch diejenigen, welche nach
Niederwampach wallfahrten, thaten es **pflichtmäßig**³),
d. h. in Folge eines gemeinschaftlich gethanen Ge=
lübdes. Sie kamen mit Kreuz und Kerzen, hiedurch
die so dem rückkehrenden Audoen entgegengekommenen
Diözesanen nachahmend, opferten ihre Fahnen, d. h.
sich selbst, und löseten sie darauf wieder ein, d. h.
kauften sich selbst als eine Erstgeburt wieder los. So
erfüllten sie, gleich Maria, die „ihren Sohn nach der
Gewohnheit des Gesetzes" erkaufte⁴), die alte Vorschrift
der Opferung und des Loskaufes aller Frucht=Erstlinge⁵)
und somit den Willen „Desjenigen, der uns von freien
Stücken durch das Wort der Wahrheit gebar, auf daß
wir seien irgend ein Anfang seiner Schöpfung"⁶).
Diejenigen aber, von welchen sie diese fromme Sitte
ererbten, würden selbige gewiß nicht eingeführt haben,
hätten sie in ihrer Gemüthstiefe sich selbst nicht betrach=
tet als die Erstgeburt eines bei ihnen glücklich voll=
brachten Apostolates.

Allein welches war, fragt sich, die besondere Art
und Weise dieses Apostolats? War es Dotation? oder
Predigt? oder Besuch?

Zweifelsohne war es mehr als Dotation, etwa die
eines Oratoriums. Eine Dotation konnte zwar auch
heilsam wirken, aber schwerlich, so lange sie allein ging,
verdienen, als Apostolat betrachtet zu werden.

Dieß Apostolat war auch nicht Predigt. Denn
Audoen sprach stammmäßig lateinisch, während sein

---

1) Aschbach, Alzt. — 2) Ap. d. hl. W. S. 87. — 3) «Obligatione te-
nentur», sagt eine alte Urkunde des Pfarrarchivs. — 4) Luk. 2. — 5) Exod.
3 u. 23, 19. — 6) Jak. 1. —

Wirkungskreis zu Niederwampach ausschließlich germanisch war und dieselbe Sprache erforderte, deren sich die hh. Willibrord und Bonifacius mit so vielem Erfolge bedienten. Dieß Spracherforderniß war jetzt um so unerläßlicher, als schon vorher der heil. Gallus bei Arbon und zu Constanz die Volkssprache oder einen Dolmetscher gebrauchte[1]) und der hl. Eligius, weil er dieß zu thun außer Stand war, bei den Südfriesen weniger ausrichtete. Wird man denken, Audoen habe zu Bastnach auf Latein gepredigt? Aber wie wäre er dadurch Apostel zu Niederwampach geworden? Und wie hätte die Geschichte es sofort verschweigen können?

Endlich war auch der bloße Besuch noch kein Apostolat. Indeß gestehen wir gern, daß Audoen wohl mehrmals, und namentlich bei seiner Rückreise von Köln, sein theures Niederwampach mag besucht und bewohnt und dadurch vielleicht die Meinung, als sei es seine Geburtsstätte gewesen, begründet haben; aber deswegen allein würden ihn die Bewohner dieses Ortes noch nicht angesehen haben als ihren Erzeuger zu neuem Leben.

Darum übrigt uns jetzt nur noch Eine Annahme, diese nämlich: Audoen wurde der Christianisirer Niederwampach's und der Umgegend dadurch, daß er die dortige Kirche dem Priorate Vaux-les-Moines annektirte.

Hieburch, in der That, verschaffte er nicht allein diesem Priorate ein besseres Einkommen, sondern auch der nur eine Tagreise davon entfernten und durch Wege[2]) zugänglichen Niederwampacher Gegend eine fortdauernde Gelegenheit, sich von irischen und ihr verständlichen Missionären, die ihr wegen ihres fränkisch-germanischen Volkselementes zugesendet wurden, belehren, trösten, stärken, diszipliniren, segnen, lenken, von der Barbarei befreien und zu immer höherer Wohlfahrt im Innern und Außern führen zu lassen. Indem die

---

1) Nohrb. l. c. S. 200. — 2) Dormann, Beitr. z. Gesch. d. Ard. S. 134. —

Mönche die Weisheit des Kreuzes predigten, schufen sie eine neue Ordnung der Dinge und begründeten Leben und Emsigkeit. Die zu solchem Werke mit dem Brevier in der einen und dem Spaten in der andern Hand Hereilenden mochten zu Niederwampach und umher um so nachhaltiger und umfassender wirken, als sie in dem dortigen komfortablen Schlosse größere Gastfreundschaft und längern Aufenthalt finden und deßhalb eben diesen Punkt als eine zum Lehren und Taufen und Pflanzen geeignete Station erachten durften. Was es zumal glaublich macht, ist die, derzeit zwar noch dünne, aber doch schon priesterlicher Hülfe bedürfende Bevölkerung, auf welche die vielwärts umher vorgefundenen römischen Kastell- und Ansiedlungsspuren schließen lassen.

War in solcher Weise Audoen zum Apostel und Wohlthäter dieser Gegend geworden, dann ist es unschwer zu erklären, warum die Tradition, diese Leuchte für gläubige Herzen, dem Landstriche zwischen der Sauer und Clerf nirgends die Predigt und Sendung des heil. Willibrord zu Theile werden läßt. Dorthin richtete dieser Glaubensbote seine Schritte nicht, weil er daselbst bereits eine christliche Pflanzung vorfand. Hiewider anprallend wäre keineswegs die Erinnerung, daß Wampach und die umher verspreiteten Ortschaften derzeit zu der Grafschaft Bastnach[1]), d. h. dem nachmaligen gleichnamigen Dekanate und mithin zur Diöcese Lüttich gehörten; denn auch hierwärts entfaltete der genannte Missionär seinen Bekehrungseifer und stand übrigens auch in dem freundschaftlichsten Verhältnisse mit dem damaligen Oberhirten dieses Sprengels[2]), dem hl. Lambert.

Schon vor dem heil. Willibrord, so folgern wir mithin, hat Audoen im Norden unsers Landes den Weinberg des Herrn angebaut und sich dadurch die späteste Nachkommenschaft zu Danke verpflichtet. Freilich vermögen wir diesen Anbau jetzt nicht mehr auf-

---

1) Ath8.-Programm 1859. S. 14. — 2) a. Thym, H. Willibr. Münst. 1863. S. 80. —

zuhellen, wie wir wünschen; allein darum doch ist das hier über ihn Ermittelte nicht weniger schätzbar. Es enthält ja den Nachweis, daß dieser Apostel von allen zuerst den Ardennbewohnern die Quelle der christlichen Segnungen eröffnete.

Zwar erschienen schon vor Audoen auf dem heimatlichen Boden apostolische Männer, einzelne Soldaten der thebaischen Legion, die hh. Martinus, Wulfilaik, Monon, Remaclus, Cunibert u. A.; aber ihr Wirken war hierlands zu beschränkt, als daß wir ihr Apostolat in unserm Bezirke mit dem Audoen's vergleichen sollten. Deswegen halten wir die in dieser Beziehung bereits angedeutete Ansicht fest und sprechen sie nunmehr unumwunden aus: Audoen kann betrachtet werden als der historisch früheste Apostel unsers Landes.

---

§. 15. Audoen's Reise nach Rom.

Sobald Audoen den guten Erfolg seiner vielen Bemühungen gesichert sah, entschloß er sich zu baldigem Antritt einer längstgewünschten Reise nach Rom. Anfangs wurde diese für eine Wallfahrt zu den Apostelgräbern ausgegeben. Sie verdiente auch wirklich diesen Namen und fand als solche allgemeinen Beifall. Viele fromme Gläubige kamen und schlossen sich dem Oberhirten als Begleiter an; andere empfahlen sich seiner Andacht; noch andere gaben ihm Geld mit nach Rom zu Opfergaben und zur Vertheilung unter die Armen [1].

Aus Eingebung vollkommener Frömmigkeit und Huldigung begab Audoen sich auf den Weg und überstieg die Alpen. Als er im Jahre 675 oder 676, wie wahrscheinlich ist [2], in der ewigen Stadt ankam, warf

---

[1] Surius u. P. Dionys. v. Lxbg., 24. u. 23. Aug. — [2] Mabill. I. S. 570 u. Bllb. Aug. 2. B. S. 817. —

er sich vor den Grüften der Heiligen auf sein Angesicht, benetzte sie mit Zähren und rief die göttliche Barmherzigkeit sowie der verklärten Gottesfreunde Fürbitte für sich und die Seinigen an, so zwar, daß die ganze Stadt sich dadurch erbaut fühlte und sich freute in ihren Mauern einen Kirchenvogt zu besitzen, von welchem sie längst schon so viel Rühmliches vernommen hatte.

Aber um mehr als eine bloße Wallfahrt war es Audoen zu thun: durch seine Reise wollte er auch vor aller Welt kundgeben seine Gemeinschaft mit dem Mittelpunkte der christlichen Einheit. Um so mehr mag ihm dieß zu Herzen gegangen sein, als er es bisher noch durch keine öffentliche That bestätigt und seine Sendung als Glaubensbote und Bischof nicht unmittelbar vom heiligen Stuhle, sondern vom fränkischen Hofe, Volk und Klerus empfangen hatte.

Auf dem päpstlichen Throne saß damals seit 672 der sanfte und leutselige Adeodat. Daß dieser dem angekommenen Bischofe für Alles, was derselbe gethan und gewirkt hatte, seine volle Zustimmung gegeben habe, läßt sich nicht bezweifeln. Denn derselbe nahm ihn huldvollst auf und beschenkte ihn vor seiner Rückreise mit vielen Reliquien und Heiligthümern [1].

Das Wichtigste jedoch, was Audoen zu Rom betrieb, scheinen wohl die päpstliche Gutheißung der von ihm bereits getroffenen und die Berathung der noch zu treffenden Maßnahmen wider den Monothelismus gewesen zu sein [2].

Nach seiner Abreise von Rom kehrte Audoen, wie einige Historiographen melden [3], über Verdun zurück in seinen Sprengel. Dieser Umstand läßt vermuthen, daß er dahin rheinabwärts und durch das Land der Luxemburger zog. Kaum hatte er den Boden des Frankenreiches wieder betreten, so gingen ihm bis zur letzt-

---

[1] Surius und Dionys. v. Lbg. — [2] MABILL. l. c. — [3] Dionys. v. Lbg. ec.

gedachten Stadt alle Bürger und Landleute seiner
Diöcese mit Kreuz, Fahn' und Kerzen jubelnd und Gott
dankend entgegen und freuten sich nicht weniger, als
ihr lieber geistlicher Vater selbst, daß dieser nun wohl-
erhalten und so glücklich in ihre Mitte zurückgekommen
war.

························

§. 16. Audoen als Versöhner.

Groß war die Versöhnungsgabe, welche Audoen
schon vor seiner Reise nach Rom, aber mehr noch nach
derselben bethätigte. Sie lag in der Heiligkeit seines
Charakters und in seinem menschenfreundlichen Wesen.
Die hh. Lantbert und Filibert, Äbte von Fontenelle
und Jumieges, welche eine Gränzstreitigkeit betreffs
ihrer Klosterbesitzungen entzweite, versöhnte er miteinan-
ander unter Vorlegung eines deshalbigen königlichen
Entscheides[1]). Dieß geschah wahrscheinlich um 666.

Audoen's Versöhnungsgabe fand die volle Anerkennung Theoderich's III., als dieser 669 den fränkischen
Thron bestieg. Dieser König war von des Heiligen
Weisheit und Frömmigkeit so innig überzeugt, daß er
ihm darob seine besondere Gunst und Huld nicht vor-
enthalten konnte. Förmlich verordnete er daher, daß
hinfort ohne dessen Wissen und Willen in ganz Neu-
strien weder Bischof noch Abt noch Abtissin, weder
Graf noch Richter, geist- oder weltlicher, mehr erwählt
oder angestellt werden dürfe[2]).

Am glänzendsten erst zeigte sich Audoen's Versöhnungsgabe, als er von Rom zurückkam. Kaum fand er
sich wieder inmitten der Seinigen, so mußte er zu
seiner größten Betrübniß vernehmen, daß mehre Großen
und Mitglieder des königlichen Hauses, die er bei seiner

---

1) Bld. ad. 14. April — 2) Surius u. Sim. Martin, l. c. —

Abreise in friedlicher Eintracht zurückgelassen hatte, während seiner Abwesenheit in Zank und Hader gerathen waren. Auch diesmal nahm er wieder zu seinen gewöhnlichen Mitteln seine Zuflucht. Mit Seufzen, Weinen, Beten, Wachen, Fasten, Almosen, Bitten und dergleichen Waffen bestürmte er den Himmel und ließ mit geheimen und offenen Erinnerungen an Pflicht und Gewissen nicht eher nach, als bis er die entzweiten und erbitterten Gemüther wieder miteinander versöhnt und vereinigt hatte. Solchergestalt vermochte er nicht nur die Zwietracht aus den Herzen zu verbannen, sondern auch dem Ausbruche eines sonst unvermeidlichen Krieges vorzubeugen. Nur an Gislemar's steinernem Herzen brandeten seine Bemühungen. Rastlos und unverdrossen arbeitete er dahin, diesem Junker, den er vergebens vom Verdrängen seines Vaters, des Majordom Waratto, abmahnte, die schuldige Ehrfurcht und Unterwürfigkeit gegen denselben beizubringen. Als er aber sich außer Stande sah, dessen Hochmuth und Verstocktheit zu brechen, weissagte er ihm, daß er zu seiner Strafe bald sterben würde, was auch geschah.

§. 17. Audoen als Biograph.

Die Biographie ist in der Regel ein Todtengericht, wobei nicht bloß Urkunden und Thatsachen zu Zeugen aufgefordert, sondern auch Handlungen und Worte geprüft und beurtheilt werden. Keine Biographie kömmt zu Stande ohne Prüfung und Urtheil. Wie der Leib sich am meisten durch seine Stimme, so individualisirt sich auch des Biographen Geist vor Allem durch sein Urtheil. Darum eben haben aber auch die von ihm zurückgelassenen Schriften soviel Reiz für uns: wir begegnen darin einem Urtheilenden, der vielleicht nicht mehr mit der Zunge spricht, dessen Worten wir aber um so begieriger lauschen.

Von den von Audoen ausgefertigten Urkunden ist nicht Vieles und von seinen sonstigen Schriften noch Wenigeres auf uns gekommen. Wie Mabillon berichtet¹), hat derselbe auch des heil. Remigius Leben beschrieben; aber auch dieser Aufsatz ist nicht mehr vorhanden. Das Einzige, was wir noch von ihm besitzen, ist seine „Vita s. Eligii" in drei Büchern²), die er zwar erst 672, d. h. 13 Jahre nach seines Freundes Tode³) vollendete, aber laut der steten und längsther gepflogenen Innigkeit, mit welcher er ihm anhing, gewiß viel früher begonnen haben mochte.

Diese Vita, eine klare und berufene Arbeit, schildert ihren christlichen Held nach den Hauptmomenten seines Lebens und stellt uns von dessen Verdiensten als Bischof und Glaubensprediger ein getreues Bild vor die Augen.

Es ist zwar wahr, daß Audoen dem Andenken seines Freundes und Vorbildes eine wirkliche seinem Herzen entströmende Huldigung darbringen wollte; aber darum übertrieb er darin, wie ihm vorgeworfen wird⁴), die dem berühmten Goldarbeiter ertheilten Lobeserhebungen nicht. Seine Worte sind zwar voll Begeisterung und hier und da mißdeutbar; aber ihr Strom ist deshalb weder im Widerspruch mit sich selbst noch eine Selbstauflösung. Aus ihm spricht die warme Sprache der Bewunderung und Liebe, die uns sehr erklärbar vorkömmt, weil sie von dem gegen seinen erhabenen Meister zu ewigem Danke verpflichteten Jünger geführt wurde.

Die Biographie seines Freundes richtete Audoen an einen Pariser Bischof Namens Chrodobert, den er sie zu korrigiren bat; dieser aber antwortete, er finde weder etwas zu streichen noch hinzuzufügen; des Heiligen Gestalt mit all' ihren Tugenden sei vollständig gezeichnet⁵). „Diese Biographie, sagen wir mit Rohr-

---

1) Ann. Bened. l. 5. 568. — 2) Bei Surius, auf den 1. Dez., aber besser in d'Achery's Spicileg. V. 147 ff. — 3) Am 1. Dez. 659. — 4) S. Thym, hl. Willibr. Münst. 1803. S. 40. — 5) Rohrb. l. c. 250. —

bacher¹), steht in Anlage, Durchführung und Stil weit über den Jahrhunderte früher verfaßten römischer Kaiser."

Der Audoen'schen Darstellung verdanken wir das Meiste, was wir über den hl. Eligius erfahren. Diesen läßt sie die Theilung der fränkischen Monarchie unter die Söhne Chlodwig II. und deren Wiedervereinigung unter Theoderich weissagen, bevor diese Thatsache noch zur Vollendung kam²).

In dieser Schrift finden wir ferner die Angabe der Landestheile, aus welchen des hl. Eligius Bisthum bestand: das Vermandais, Tournai, Noyon, das hier zuerst unter diesem Namen vorkommende Flandern³), Gent und Courtrai. Fast alle Kirchen durchwanderte der große Seelenfreund zu Fuß.

Wie Audoen auch berichtet, predigte der heil. Eligius nicht bloß den Flämingen, sondern auch den wenigen Friesen, die damals die Gegend der nachherigen Orte Hulst, Axel und Biervliet bewohnten⁴). Daß er aber unter letzteren nur kurze Zeit weilte, ist nicht allein begreiflich aus ihrer Antipathie gegen die Franken, sondern auch aus ihrer von der des Missionärs verschiedenen Sprache.

Es gibt 17 mit dem Namen „Eligius" überschriebene Homilien, deren Ächtheit, als jüngern Schriftstellern Entlehntes enthaltend, öfter bestritten, neuerdings aber von du Marchie und Moll entschieden vertheidigt wurde⁵). Als ächt betrachten Alle den Brief an den Bischof Desiderius von Cahors und die „Predigt von der Rechtmäßigkeit des katholischen Wandels"⁶).

In diesen Bruchstücken hinterläßt uns Audoen einen salbungsvollen Auszug aus der evangelischen Lehre, wie sie sein Freund mündlich vortrug. Die Reden des heil. Eligius sind freilich in lateinischer Sprache niedergeschrieben, aber, wie sie es selbst beto-

---

1) L. c. S. 256. — 2) Vit. s. Elig. II, 31. — 3) Nach Henschenius. —
4) Act. SS. Belg. III, 236. — 5) Rohrb. S. 255. — 6) Vit. s. Elig. II, 15. —

nen[1]), in der Volkssprache gehalten worden. Liest man sie, so gewahrt man, daß er den Inhalt der hl. Schrift beherrschte und sich nach dem Muster eines Cyprian, eines Augustin, einer Cäsarius v. Arl. und andrer lat. Väter gebildet hatte. Darin findet er öfter Anlaß zu sprechen von den Taufgelübden, der Pflicht dem Glauben gemäß zu leben; er ermuntert zum Gebete, zur Theilnahme am Fleisch und Blute des Herrn, zum Empfange der letzten Ölung; er empfiehlt das Almosen, die Anrufung der Heiligen; er bekämpft die Überreste des Heidenthums und die abergläubischen Gebräuche, u. s. f.

Wo seine Darstellung diese Gebräuche, welche noch lange nachher das Volksleben durchrankten, zum Gegenstande hat, da ist sie für uns besonders werthvoll. Sie entwirft ein zwar betrübendes, aber deswegen nicht weniger belehrendes Bild von der Kultur und den Zuständen jener Zeit. Beim Anblicke desselben weiß man nicht, was man mehr zu bedauern habe, die Dichtheit oder den Umfang der damals selbst die Gläubigen noch umlagernden Todesschatten.

Was des Heiligen Abmahnungen zunächst von dem Schauplatze seiner Wirksamkeit zu verstehen geben, ist auch auf unser Land, in derselben Epoche, weil es mit jenem in gleichen politischen und äußern Verhältnissen stand, vollkommen anwendbar.

Hier folgt ein verdeutschter Auszug aus diesen Vorträgen.

§. 18. Die heidnischen Volksgebräuche zu Audoen's Zeit.

„Vor Allem, so läßt Audoen den heil. Eligius

---

[1] Hom. 6 u. 10. —

sprechen¹), „vor Allem verkünd' und bezeug' ich, daß ihr keine sakrilegischen Gebräuche der Heiden beobachten und weder Zeichendeuter noch Wahrsager, weder Hexenmeister noch Zauberer in irgend einer Sache oder Krankheit zu Rathe zu ziehen oder zu befragen euch unterfangen sollt. Desgleichen sollt ihr auch nicht Acht geben auf Vogelflug, Vogelgesang, Nießen und dergleichen; noch darauf sehen, an welchem Tage ihr ausgehet oder an welchem ihr zurückkehret; oder zum Beginn eines Werkes einen bestimmten Tag oder Mond abwarten; denn jeden Tag hat der Herr gemacht,... Keiner kleide sich am 1. Januar in unanständige oder lächerliche Mißgestalt, in Kalbs- und Hirschfelle; noch halte Einer nächtliche Mahlzeiten und übermäßige Gelage, am Feste des heil. Johannes Tänze oder singe teuflische Lieder; Niemand erlaube sich die Namen der Dämonen, Neptun, Orkus, Diana, Bacchus, den Schutzgeist, oder dergleichen anzurufen oder an dieselben zu glauben; den Tag des Jupiter im Mai oder zu anderer Zeit, wenn kein heiliges Fest auf denselben fällt, zu begehen; Lichter anzuzünden und Weihgaben zu spenden vor Tempeln²), Quellen, Bäumen, Zellen oder an Kreuzwegen; Menschen und Thieren Amulette an den Hals zu hängen, wären diese auch von Klerikern gemacht und hieße es, es seien Heiligthümer mit Bibelsprüchen... Niemand soll Besprengungen vornehmen und Zauberformeln sprechen über Kräuter, noch das Vieh durch einen hohlen Baum oder durch ein Erdloch treiben, um es dem Teufel zu weihen. Frauen sollen keinen Bernstein am Halse tragen noch Minerva oder sonstige Unholdinnen anrufen. Bei einer Mondfinsterniß soll man nicht aufschreien, beim Neumond nicht fürchten ein Werk anzugreifen. Sonne und Mond soll man nicht Herren nennen und bei ihnen schwören; zur Erkenntniß der Zukunft keine abergläubischen Mit-

---

1) Vita, II, 15. — 2) War noch 1740 (Erklrg. von dem Kreutzweg... in der Kapuz. Kirchen zu Arl. II. S. VIII) die Zahl der in Kirchen verwandelten Heidentempel hierlands groß: wie groß wird dann zu Audoen's Zeiten gewesen sein die der nicht verwandelten? —

tel anwenden, bei Krankheiten zu keinen Zaubereien seine Zuflucht nehmen, keine teuflischen Riemen oder nachgebildeten Füße an Brunnen, Bäume, Kreuz- und Scheidewege legen, u. s. w."

Das hier Gesagte gilt wie von Audoen's Nachbaren so auch von denjenigen Christen, welche, wie antiquarisch erwiesen[1]), gleichzeitig unser Land bewohnten. Anfangs mußte die Kirche sich überall zu der Rohheit und den Bedürfnissen des Volkes herablassen und dessen Vorurtheile mit großer Langmuth ertragen, wollte sie anders seine Erziehung nicht aufgeben. Wie eingewurzelt diese Vorurtheile gewesen, erhellt aus ihrer langen Fortdauer. Von Zeit zu Zeit mußten dawider verschiedene und darunter mehre trier'sche Concilien und sogar noch das von 1227 nachdrucksvoll einschreiten[2]).

§. 19. Audoen's Reise zur Vermittelung des Friedens.

Fand Audoen bei seinem doppelten Berufe als Bischof und Kanzler auch einige Mußestunden, um sich mit Lebensbeschreibungen abzugeben, so galt ihm dieß doch nur als Nebensache; sein Amtsgeschäft, die Bewerkstelligung des Guten in Staat und Kirche, blieb immer seine Hauptsorge.

Daher denn kannte er auch kaum etwas Eiligeres, als sich der von Theoderich III. erhaltenen Aufträge für das allgemeine Beßte zu entledigen. Ein derartiger Auftrag war es, als er, bereits ein Greis, noch im Jahre 683 als Friedensunterhandler nach Köln zu Pipin von Heristal entsendet wurde.

---

1) S. St. Grein, 1866, S. 25; u. Apost. d. hl. W. S. 10 u. 11. — 2) Apost. d. hl. Willibr. S. 13 u. 14. —

Nach Dagobert's II. Tod hatten die Austrasier, welche sich nicht mehr unter des von Ebroin aus dem Kloster geholten Theoderich III. Regierung bequemen wollten, den genannten Pipin im Jahre 680 zu ihrem Herzog und unter diesem Titel zu ihrem Regenten ernannt. Wider ihn und seinen zu Metz lebenden Mitherzog Martin zogen nun Theoderich und Ebroin zu Felde und siegten. Martin verlor durch Verrath das Leben und Pipin rettete sich in sein Land. Hierselbst ließ dieser sich aber weder durch List noch durch Gewalt bezwingen. Mit ihm suchte daher nach Ebroin's Untergang im Jahre 682 der neue neustrische Majordom Waratto Frieden zu schließen und ersah sich Audoen zu dessen Ermittler aus. Dem eben so gewandten als wohlgesinnten Hofmann gelang es auch, die entzweiten Neustrier und Austrasier wieder miteinander zu versöhnen und dadurch, wenigstens auf einige Jahre [1]), den Frieden von Neuem herzustellen.

Während Audoen zu Köln diese wichtige Angelegenheit in Ordnung brachte, fand er daselbst zu gleicher Zeit auch Gelegenheit, Einzelnen Gutes zu erweisen. So heilte er durch Berührung mit Reliquien einen Taubstummen, der schon eilf Jahre lang mit seinem elenden Zustande behaftet war.

§. 20. Audoen's Tod.

Nachdem Audoen seinen Auftrag als Gesandter zu Köln erfüllt hatte, begab er sich sogleich, um Theoderich den Erfolg seiner Sendung und die Friedensbedingungen zu hinterbringen, auf den Rückweg. Ist auch nirgends ausdrücklich vermeldet, so läßt sich doch vermuthen, daß er diesen letztern, wegen der damals

---

1) Nach D. Calmet (H. d. L. I. S. 439) bis zum J. 687, wo die Feindseligkeiten wieder begannen. —

bestandenen Heerstraße von Köln nach Verdun, über Wambas, sein liebes Vaterschloß, genommen habe.

Von Verdun, woselbst er eine grausam besessene Frau befreite, reisete er nach Clichi, einem Kronqute zwei Stunden von Paris, wo der König sich aufhielt. Hier traf er gerade zur Zeit ein, als daselbst eben eine Versammlung von Bischöfen und Großen stattfand.

Kaum aber angekommen fühlte der Heilige sich auch schon krank. Ihn befiel sogleich ein heftiges Fieber, welches bald das Schlimmste befürchten ließ. Audoen selbst merkte, wie nahe sein Lebensende sei. Mit glühender Andacht empfing er die Heilsgeheimnisse, verlangte sterbend vom Könige [1]), dem er des Klerus und Volkes deshalbige Stimmung aufschloß, den hl. Ansbert, Abt von Fontenelle und Theoderich's Beichtvater, zu seinem Nachfolger, empfahl sich und die Seinigen, den Hirten und die Schafe, dem allerhöchsten Herrn und gab seine große Seele zurück in die Hände seines Schöpfers, gemäß der wahrscheinlichsten Meinung, am 24. August des erwähnten Jahres 683 [2]), im einundachtzigsten Jahre seines Lebens und im dreiundvierzigsten seiner oberhirtlichen Amtsführung.

Über den durch Audoen's Heimgang erlittenen Verlust trauerte nicht allein das Bisthum, sondern auch der fürstliche Hof und das ganze Reich der Franken. Da man es für passend erachtete, die Leiche zur bischöflichen Residenz zu bringen, kamen der König, die Königin Chrotilde, der Hausmaier Waratto, sowie alle Großen und Vornehmen des Landes und geleiteten sie bis Pontoise [3]). Eine große Zahl von Bischöfen, Äbten, Klerikern und Mönchen folgten dem Zuge selbst bis Rouen in die Domkirche St. Peter. Hier wurden Audoen's irdische Reste, nachdem sie in einen Marmorsarg verschlossen worden, an dem von ihm selbst gewählten Platze bestattet [4]). Ein Sonntag war es, an dem dieß geschah.

---

1) MABILL., ann. 1. S. 569. — 2) Nach Mabill. (ann. 1. S. 570) starb er erst 684. — 3) Rohrb. l. c. S. 411. — 4) Simon Martin, a. a. O. Bolld. Aug. 4. Bd. S. 809. —

§. 21. Audoen's Wunderwirkungen.

Es ist eine psychologisch sowohl als historisch bewährte Thatsache, daß die größten Heiligen auch stets als die größten Wunderermitteler galten. Wie aber aus der persönlichen Größe auf die Größe der Wunder, so wurde hinwieder aus der Größe der Wunder auch auf die persönliche Größe geschlossen. „Keiner, dachte man [1]), vermag solche Werke zu verrichten, es sei denn Gott mit ihm."

So war denn Audoen, wie in Allem, so auch groß in den seiner Vermittelung zugeschriebenen Wundern. Eine große Zahl derselben erwirkte er schon während seines Lebens, eine noch größere aber erst nach seinem Tode. Von mehrern der ersten Art haben wir bereits Meldung gethan; es erübrigt noch, ein Wort auch hinzuzufügen über die der letzten, zumal diese in demselben Maße, wie das Vertrauen zum Heiligen, zunahmen.

Unzählig sind die Verehrer Audoen's, welche nach dessen Ableben und besonders seit Erhebung seiner Gebeine durch höhere von ihnen bezeugten Wirkungen, theils belohnt und theils ermuthigt wurden. Diese Wirkungen waren meistentheils Wunderheilungen, die bald an des Heiligen Grabstätte und bald auch fern davon, in Gallien, England, zu Rom und anderwärts, mittelst und ohne Reliquien geschahen.

Vielerlei Kranke und Preßhafte, mitunter solche, die an den äußern Sinnen litten, fanden auf ihr Flehen zu Audoen früher oder später Erhörung [2]). Ein erkrankter Römer, so lesen wir [3]), erhielt auf des Seligen Grabe seine Gesundheit wieder; ein anderer Römer, der taub war und sich von einem der seligst. Jungfr. Maria zugeschriebenen Triebe leiten ließ, wurde daselbst hörend; daselbst sollen auch andere Taube [4]), namentlich ein Knabe [5]), mehre Stumme und Aus-

---

1) Joan. III. 2. — 2) Bollst. IV. S. 839. — 3) Ibid. IV. S. 826. — 4) Ib. S. 830. — 5) Ib. S. 834. —

sätzige gewesen sein. Ferner erlangte eine einäugige Frau aus Köln auf ihr Gebet zu Audoen das verlorene Auge und eine andere, die erblindet war, das Gesicht wieder. Daselbst gelang es ferner, auf Anrufung des Heiligen, die in eine Kirche eingeschlichenen Diebe nicht allein zu erspähen sondern auch festzunehmen. Auch zu Niederwampach soll vor etwa 100 Jahren ein Mann von Clerf wundersame Heilung gefunden haben [1]).

Alle andern der Fürbitte Audoen's attribuirten Begebenheiten auch nur namhaft zu machen, geschweige denn ausführlich darzustellen, dazu wäre erforderlich das Überschreiten der uns gestellten Gränze. Wir müssen uns daher auf das eben Mitgetheilte beschränken, indem wir für das Weitere auf ausführlichere Darstellungen[2]) verweisen.

§. 22. Audoen's Reliquien.

Mit der Geschichte der Wunder Audoen's hängt innigst zusammen die seiner Reliquien. Wie jener, so müssen wir auch dieser flüchtig erwähnen.

Kaum hatte Audoen's Leichnam drei Jahre im Grabe geruhet, so wurde, um der geschehenen Wunder willen, von allen Seiten her dessen Erhebung verlangt und sofort auch im Jahre 687 vom hl. Ansbert, nachdem dieser dafür einen kostbaren Schrein hatte anfertigen lassen[3]), feierlich vorgenommen. Am Feste der Himmelfahrt Christi eröffnete man das Grab, fand darin Audoen's Leib noch ganz unversehrt und brachte ihn an einen ehrenvollern Platz. Von diesem Augenblicke an drang immer weiter die laute Kunde von der Heiligkeit des verlebten Gottes- und Königsdieners; er wurde unter kirchlicher Zustimmung vom Volke überall als Heiliger verehrt

---

1) Herr Pinth, Br. 12. Apr. 67. — 2) J. P. FULBERT, hist. mirac. s. Aud. oder POMMEREY, h. abbat. s. Aud. — 3) COCHET, l. c. S. 102. —

und angerufen und nach seinem Namen nicht allein seine Grab= sondern auch manche andere Kirche ge=nannt.

Von dieser Zeit ab verblieb die Leiche noch 162 Jahre zu St. Audoen, wornach sie von Neuem erhoben wurde. Nun ruhete sie wieder, bis sie von hier 154 Jahre später, um vor der Normannen Wuth gesichert zu sein, nach dem dem Kloster St. Nicasius zugehörigen Priorate Condet transportirt ward ¹).

Von diesem Orte kehrte sie nach Rouen zurück, woselbst sie, bei Verheerung der Stadt im Jahre 844, vom Abte Ricolf den Flammen entrissen und dann nach dem Landgute Gagni gebracht wurde ²).

Nach einigen Jahren kam sie wieder an verschie=dene Orte und endlich nach Vaux-les-Moines, wo sie aufbewahrt wurde bis zu Rollo's Bekehrung im Jahre 872. Hiernach ward sie zurückgefahren nach Rouen ³).

In dieser Stadt ruhete nun Audoen's Leib wieder bis zum Jahre 911, in welchem er aus einer Provinz in die andere, bald hiehin bald dorthin, geflüchtet wurde.

Im Jahre 1041 kehrte derselbe Leib abermals zu=rück nach Rouen ⁴).

Hierselbst entstand nachher, nämlich im Jahre 1073, eben wegen dieser heiligen Reliquie ein stürmischer Volksauflauf, in welchem Erzbischof Johann erschlagen ward.

Im Jahre 1562 wollten die plündernden Huge=notten den Körper des Heiligen zu Rouen verbrennen, wurden daran aber noch rechtzeitig gehindert. Auch dies mal ward derselbe wieder aus dem Feuer gerettet, so zwar, daß er sich daselbst 1678 noch ganz erhalten vorfand.

Es kam das Jahr 1691, in welchem die Reliquie unter der Königin Emma nach England und von hier

---

1) Boll A. IV. S. 820 u. MARTENE, thes. n. anecd. III, 689. — 2) MABILL. ann. II. S. 620. — 3) MABILL. III. S. 177. — 4) Fulb., h. miracl. —

nach Rom verschifft wurde. Vor derselben erflehete diese Stadt unter andern Segnungen auch die Erhaltung des Friedens [1]).

Darnach kamen endlich die Gebeine wieder nach Rouen, wo sie aber, wie es scheint, nur bis zur großen Revolution neben denen des hl. Nicasius und anderer Märtyrer und Heiligen Gottes ruheten. Soviel ist wenigstens gewiß, daß die wenigen Schädeltheile, welche die Grabkirche Audoen's besitzt, erst vor einigen Jahren unter dem Erzbischof Blanquart von Bailleul dahin in einem auf der Londoner Weltausstellung 1862 bewunderten Reliquienschreine übertragen wurde [2]).

———————

§. 23. Die Sage von Wunderarme.

Seit unvordenklicher Zeit lebt zu Niederwampach eine von Munde zu Munde gehende Sage, die vor Kurzem aber noch lebhafter erklang als jetzt [3]), gemäß welcher in dem vorerwähnten Heiligen=Borne [4]) vor vielen Jahrhunderten der Arm eines Heiligen, man weiß nicht was für eines, gefunden und später, da er verkam, durch einen ihm ähnlichen hölzernen ersetzt wurde. Von da an diente dieser hölzerne Arm als Reliquar, in welchem man sofort bis zur Jetztzeit herab das „Heilthum" [5]) zum Kusse reichte.

Es frägt sich, welches die eigentliche Bedeutung dieser Sage sei. Man könnte sich einbilden, durch den heiligen Arm, weil er in Audoen's Born gefunden worden, sei der dieses Heiligen zu verstehen. Allein es liegen historische Thatsachen vor, welche genugsam bekunden, daß wir denselben für den des Vorgängers Audoen's, d. h. des h. Nicasius, zu nehmen haben.

---

1) Bll. ad. 24. Aug. — 2) Herr Pfarr. M. L. J. E. Malais, v. Mart. Egl. bei Dieppe, Br. v. 20. Mai 67. — 3) Zeugen mehrere Pfarrer der Gegend. — 4) Oben § 12. — 5) Heiligthum. —

Im Einklange mit Martene[1]) und den Bollandisten[2]) erzählt Simon Martin[3]), daß bei einer Hungersnoth zur Zeit Karl des Kahlen die Reliquien von Rouen nach Condet bei Paris und darauf wieder von da der Arm des hl. Nicasius mit dem Körper des hl. Quirin und einigen Gebeinen des hl. Scubiculus zuerst nach dem Benediktiner Gut Wambasius in Unter-Lotharingen[4]), von diesem Orte nach der Abtei Malmedi im Lütticher Sprengel, wo seither St. Quirin's Fest alljährlich hochfeierlich begangen wird[5]), von dort nach Vaux-les-Moines und von hier wieder nach St. Audoen in Rouen gebracht wurden, woselbst die Calvinisten sie im 16. Jahrhundert profanirten und verbrannten.

Wie kamen dabei aber diese Reliquien auch nach Niederwampach? Entweder rückwärts, antworten wir, von Vaux-les-Moines oder, was wahrscheinlicher ist, unmittelbar von Malmedi, indem man für den Transport derselben den etwas längeren Weg über die vorgenannte Ortschaft vorzog, weil man hier eine Etappe fand zum Übernachten. Auf jeden Fall kamen sie, wie die Überlieferung sagt, hieher; denn partikelweise befanden sie sich hier und wurden auch so zur Verehrung ausgestellt, wenn sie auch nachher verschwanden und durch andere ersetzt werden mußten.

In sinnvoller Weise versichert die Sage, der Arm eines ungenannten Heiligen sei aus dem gedachten Borne genommen worden. Dieß hat die symbolische Bedeutung, daß dieser Arm zwar aus dem von Audoen zu Rouen gegründeten Kloster herstammte, dennoch nicht der dieses Bischofes, sondern der eines andern Gottesfreundes war.

Auf diese Sage scheint Weihbischof Gillis, welcher die Kirche von Niederwampach einweihete, sich zu beziehen, wenn er in der Einweihungsurkunde[6]) vom 13. Juli 1735 die Jahresfeier davon auf den ersten

---

1) Thes. anecd. III. — 2) IV. S. 820. — 3) Vies d. SS. — 4) Am Saume des Kohlenwaldes. Vgl. Mém. d. l. S. d. arts et d. lettr. du Hain. 1864. S. 23, 85, 109 ff. — 5) POMMERAY, h. de st. Ouen. — 6) Im Pfarrarch. —

Sonntag nach St. Dionysius-Fest setzt mit dem Beisatze: „Ex causis animum nostrum moventibus." Es soll, will er mit diesen Worten sagen, diese Feier jedes Jahr möglichst nahe zusammenfallen mit dem Feste der hh. Nicasius, Quirinus und Scubiculus, von denen einst heilige Reste hier aufbewahrt wurden.

------

§. 24. Audoen's Verehrung.

So großartig die Aufsuchung der Reliquien Audoen's, so großartig auch war die Verehrung, die diesem Bisthumsengel nach seiner Verklärung zu Theile ward. Die stets zunehmenden Wunder, die seiner Fürbitte nachgerühmt wurden, bewirkten auch ein immer zunehmendes Vertrauen zu derselben. Daher kam es, daß man den Heiligen je länger je lieber anrief in allerlei Nöthen und Bedrängnissen des Lebens, besonders aber beim Erkranken des Leibes und der Sinne.

Die Anrufung und Verehrung des Heiligen erstreckte sich weithin. Nicht bloß der Dom zu Rouen, in dessen Fenstern sein Bildniß strahlt, sondern auch an hundert andere Kirchen in und außer der Normandie[1]), in Eng- und Irland haben ihn zum Schutzpatron und feiern sein Andenken.

„Jetzt, schreibt Hr. Pfarrer von „Martin-Eglise"[2]), mag seine Hülfe für kein besonderes Übel mehr beansprucht werden. In früheren Zeiten jedoch ward er, laut meiner Erinnerung, gegen Taubheit angerufen."

Zu Niederwampach verehrt man ihn von längsther als Beschützer des Gehörs, als Patron wider Taubheit, Ohren- und Kopfweh, weswegen man ihn auch nicht gern mit seiner zu unbequemen lateinischen

---

1) COCHET l. c. S. 101 u. MALAIS l. c. S. 76. — 2) 20. Mai 67. —

Benennung sondern lieber mit der „des Heiligen für's Gehör" bezeichnet.

Diese Verehrungsweise dürfte allerdings schon in dem Namen Audoenus oder Audenus eine Begründung haben; allein es liegen so viele ihm zugeschriebene wunderbare Heilungen der Gehörlosigkeit und Harthörigkeit vor, daß sich hiedurch wohl dieselbe am besten begreifen läßt.

„Die Verehrungsweise selbst, schreibt Hr. Pfarrer Pinth [1]), besteht in der Anrufung des Heiligen, in der Theilnahme an der ihm zu Ehren veranstalteten Prozession, in der Verrichtung eines Gebetes vor seinem Bilde und in einer Opfergabe. Die hölzerne Statue, die ihn im bischöflichen Ornat und mit dem Evangelienbuche in der Linken vorstellt, ist anspruchslos und bietet wenig Interesse dar für den Kunst- und Alterthumsforscher."

Außer der allgemeinen Verehrung Audoen's bestand zu Niederwampach aber auch seit unvordenklichen Zeiten eine ganz besondere, die sich der Gedächtnißfeier dieses Heiligen am 24. August anknüpfte. An diesem Tage wurde früher oder Sonntags nachher die Kirmeß gehalten. Ist diese jetzt auch auf den Sonntag nach Christi Himmelfahrt verlegt, so steht sie doch immer noch mit Audoen's Verehrung im Verbande. Denn an dem auf Christi Himmelfahrt folgenden oder s. g. „großen Freitage" [2]), mit welchem Namen ihn noch dermalen das Volk bezeichnet, kamen bis zur französischen Revolution 18 bis 20 Pfarreien aus der Umgegend prozessionsweise nach Niederwampach.

Im Pfarrarchiv finden sich noch drei Listen vor, auf welchen diese Pfarreien verzeichnet sind. Eine derselben ist von Pergament und vom Zahne der Zeit benagt. Auf derselben stehen mit gothischen Buchstaben des 16. Jahrhunderts verzeichnet die Pfarreien Hosin-

---

1) Unter'm 10. Jan. 67. — 2) Nach der erwähnten Schenkung v. 18. Mai 1340 läßt sich vermuthen, daß er damals schon gefeiert worden.

gen mit 4 Baier Taxe, Munshausen mit 5, Wiltz mit 9, Brachtenbach mit 3, Pintsch mit 6, Eschweiler mit 4, Doningen mit 4, Lullingen mit 3, Bevingen mit 3, Crendall mit 3, Trotten mit 4, Wampach mit 4, Berle mit 3, Eschdorf mit 4, Dünkrodt mit 4, Beugen mit 4, Gösdorf mit 3 und Weicherdingen ebenfalls mit 3, Bauschleiden mit einer Kerze, und Tarchamp mit einem Käse.

Diese Pfarrgemeinden waren in drei Klassen eingetheilt, kamen auf drei verschiedenen Wegen nach Niederwampach und wurden in einer bestimmten Reihenfolge eingeführt.

Auf einer zweiten ebenfalls mit gothischen Buchstaben beschriebenen Liste findet sich eine Anmerkung vom Jahre 1688, wodurch der damalige Pfarrer Mart. Du Tiège erklärt, daß das Verzeichniß von Pfarrer Weiler herrührt, daß Bauschleiden dem hl. Audoen jährlich eine Kerze und Tarchamp einen Käs opfert, wofür der Pfarrer des letzteren Ortes das Frühstück bekömmt, und daß die Patres Jesuiten von Luxemburg 12 Stüber erhalten.

Auf der dritten Liste, die auch sehr alt zu sein scheint, heißt es: "Abschrift aus einem Register. Hier folgen die Pfarreien, die aus uralter Zeit verpflichtet sind, Freitags nach Christi Himmelfahrt zur Pfarrkirche in Niederwampach zu pilgern, sowie die Taxen, die sie behufs Los= und Wiederkaufs ihrer Fahnen zu entrichten haben" [1]).

Daß dieser großartigen und uralten Verehrung des hl. Audoen zu Niederwampach eine wichtige Ursache zu Grunde liegen mußte, leuchtet von selbst ein; welches sie eigentlich aber gewesen sei, ist nirgends gesagt. Zwar wird der Heilige gegen Ohrenzwang und Gehörskrankheit angerufen; allein es läßt sich nicht verabsehen, wie ein Übel dieser Art eine so allgemeine und weitreichende Verehrung habe in's Leben rufen

---

1) Schr. d. Hn. Pf. Heinerich, v. 23. Sept. 66.

können. Sie hat, glauben wir, ihren Ursprung in etwas viel Belang- und Folgenreicherem, d. h. in einer fortwirkenden und auf die ganze Gegend sich erstreckenden Wohlthat. Bedeutete aber anderwärts das pfarr- und prozessionsweise Opfern und Wiedereinlösen der Fahnen Danksagung, Huldigung und Loskauf von einer Schuld, dann hatte diese Verehrungsweise auch hier dieselbe Bedeutung. Durch sie wollten die wallfahrtenden Ortschaften sagen: „Der hl. Audoen hat uns christianisirt; wir sind die Erstgeburt seines Apostolates; wir schulden ihm dafür fortdauernde Anerkennung."

Findet man es vielleicht auffallend, daß dieser Heilige hierlands nur zu Niederwampach ein Bild hat und solcherart verehrt wird? Leicht läßt sich errathen, woher dieß komme. Die außer dem gemüthlichen Kreise der früheren Wallfahrtsorte Wohnenden sannen auf keine solche Verehrung, weil sie sich von Audoen's unmittelbarer Wirksamkeit nicht berührt fühlten; die innerhalb dieses Umfanges Befindlichen aber thaten es auch nicht, weil sie vorzogen, den Heiligen gelübdemäßig zu Niederwampach zu verehren und dadurch allem Anlaß zur Verletzung der ererbten Pflicht auszuweichen.

Mit der vorbeschriebenen Verehrungsweise war früher auch noch eine andere verbunden, die nicht in der unter Audoen's Patronat stehenden Kirche, sondern außer ihr, nämlich mittelst eines Feierzuges zu dem sg. Heiligen-Borne, begangen wurde. Auch zu diesem Borne, wie zur Pfarrkirche, kam man wallfahrten aus weiter Ferne her; zu ihm auch geschah alljährlich von Niederwampach aus die obige Prozession, bei welcher er eine kirchliche Einsegnung erhielt [1]).

Daß diese Wasserquelle in früheren Zeiten wirklich als eine „heilige" verehrt wurde und deshalb eine gewisse Berühmtheit besaß, geht aus der Tradition und einem zu Weiler aufbewahrten alten Familiendokument hervor, worin es heißt: „Außer dem heiligen Borne bei Hel-

---

[1] Solcherlei Einsegnung erhielten auch die Quellen bei Helzingen, zu Schrondweiler, zu St. Grein, St. Pirmin 2c.

zingen gibt es noch viele andere solcher Quellen im Lande, z. B. eine bei Niederwampach, welche als „heilige" verehrt werden [1]."

Von der frühern Heiligkeit oder Verehrung des Niederwampacher Bornes haben sich wohl Nachklänge im Volke erhalten; aber Keiner weiß sich zu erinnern, wannehr zu ihm die letzte feierliche Wallfahrt stattfand.

Auch geschehen heutigen Tages die vorerwähnten Prozessionen nicht mehr, obwohl sie ihrem Ursprunge nach wahre Votivzüge waren. „Von Bauschleiden, schreibt Hr. Heinerich[2]), habe ich vernommen, daß diese Ortschaft, welche einige Jahre unterlassen hatte, dem hl. Audoen die schuldige 1½ pfündige Kerze zu opfern, in Folge von stallentleerenden Seuchen diesen Gebrauch wieder aufnahm; woraus hervorzugehen scheint, daß sie sich zu diesem Opfer Gelübdeshalber verpflichtet glaubte."

„Was den Zusammenfluß und die Theilnahme der Pilger an der jährlichen St. Audoen's-Prozession betrifft, sagt Hr. Pinth[3]), so kann man sie noch als ziemlich bedeutend ansehen. Am Samstage nach Christi Himmelfahrt treffen aus der Umgegend noch immer Viele ein. Auch erscheint am Festtage sowohl als zu allen Zeiten des Jahres eine gewisse Anzahl Andächtiger. Nach Aussage der Leute jedoch war der Zusammenlauf in frühern Zeiten weit größer und stärker.

§. 24. Rückblick.

Hier ist unser Stoff, soweit er in den Quellen vorliegt, erschöpft. Mit dieser Erschöpfung geht unsere Darstellung zu Ende.

---

[1] Nach Hrn. Theis, Kapl. zu Stodem. — [2] 18. Okt. 66. — [3] Br. v. 10. Jan. 67. —

Durch diese Darstellung wollten wir nachweisen die Bedeutsamkeit und Größe, die wir Audoen zuerkennen. Er war Reichskanzler und Bischof, ein Gelehrter und ein Heiliger, ein Staatslenker und ein Engel der Kirche. Seine Gewandtheit und hohe Begabung legte er überall an den Tag, wo seine Betheiligung irgend beansprucht ward. So groß seine Klugheit, so groß auch war seine Weisheit.

Wegen seines Talents und seiner Treue stand Audoen in hoher Gunst bei den Fürsten, denen er nach einander diente; zugleich aber erbaute er auch Alle, die mit ihm verkehrten. Dem Hofe galt er als ein Orakel; den Entzweiten war er ein Versöhner, den Geistlichen ein Muster, den Leidenden ein Retter, den Verzagten ein Rathgeber, den Großen und Kleinen ein Führer, der Armen Hand, der Lahmen Fuß, der Blinden Auge, oder, wie die Lebensbeschreiber sagen, „Allen Alles".

Wir hegen demnach die Ansicht, daß Audoen mit größerm Glücke, als viele Andere, zwei miteinander kontrastirende Würden, die weltliche und die geistliche, in seiner Person zu paaren verstand. Bei ihm verschlang nicht, was leicht hätte geschehen können, der Staatsmann den Bischof, oder umgekehrt der Bischof den Staatsmann; vielmehr war er nur das Eine, um mit desto schönerm Erfolg auch das Andere zu sein. An ihm bewährte sich das schöne Wort: „Denjenigen, die Gott lieben, wirket Alles mit zum Guten" [1]).

Hatte Audoen aber als Kanzler Einfluß auf das ganze Frankenreich, dann wirkte er als Bischof auch nicht allein in seiner Diözese, sondern auch weit umher und in dem Lande der nachberigen Luxemburger. Hier wurde er, wie vorstehend gezeigt, einer der frühesten Apostel, die diesen Weinberg bearbeiteten, in einem Umfange von 18 bis 20 Ortschaften. In diesem Bezirke muß Audoen zur Zeit, als die Votiv-Prozessionen ent-

---

1) Rom. VIII., 28.

standen, allgemein bekannt gewesen sein und das nervige Volk mit großem Vertrauen und inniger Liebe erfüllt haben. Denn wie hätten sonst die Gläubigen aus so weiter Entfernung und so zahlreich und so regelmäßig nach „Klein-Wampach"¹) pilgern wollen? Wie hätten sie daselbst einen unbekannten und gewöhnlichen Heiligen, der keine besondere Beziehung zu ihnen gehabt, solcherart verehren können? Dieß Alles ist nur begreiflich, wenn man anerkennt, daß Audoen in ihrer Gegend ein frühzeitiges und segenvolles Apostolat ausgeübt; ja vollends begreiflich erst dann, wenn man zugleich auch glaubt, daß er dahin die Wiege christlicher Kultur durch Angelsachsen gebracht hat.

Möge darum denn auch das Andenken und die Verehrung dieses heiligen und großen Mannes wieder unter des Öslings Bewohnern, aber nicht unter ihnen allein sondern unter allen Luxemburgern aufleben und ihnen theuer sein! Mögen diese sämmtlich als seine würdigen Erben festhalten an den Grundsätzen, die er lehrte und übte! Mögen diese Grundsätze, wie sie einst förderten die Wohlfahrt der Vorfahren, so auch fördern die der Nachkommen! Mögen sie beitragen zur Vermehrung der Religion, der ächten Freiheit und Liebe zu Gott und den Menschen!

---

1) Im 15. Jahrh. Wambasium parvum. —

Inhalts-Verzeichniß.

	Seite.
Vorbemerkung	2
§. 1. Einleitung	3
§. 2. Auboen's Geburt und Abstammung	7
§. 3. Auboen's Erziehung und Jugend	9
§. 4. Auboen am fränkischen Hofe	11
§. 5. Auboen's Freundschaftsbund mit dem hl. Eligius	13
§. 6. Auboen's zunehmende Wirksamkeit	14
§. 7. Auboen's Priester- und Bischofsweihe	17
§. 8. Auboen als Bischof	18
§. 9. Auboen auf den Synoden zu Châlons-sur-Saône und zu Nantes	20
§. 10. Auboen's Stiftungen	22
§. 11. Vaux-les-Moines	26
§. 12. Niederwampach zu Auboen's Zeit	28
§. 13. Vereinigung Niederwampach's mit Vaux-les-Moines	31
§. 14. Auboen's Apostolat zu und um Niederwampach	33
§. 15. Auboen's Reise nach Rom	37
§. 16. Auboen als Versöhner	39
§. 17. Auboen als Biograph	40
§. 18. Die heidnischen Volksgebräuche zu Auboen's Zeit	43
§. 19. Auboen's Reise zur Vermittlung des Friedens	45
§. 20. Auboen's Tod	46
§. 21. Auboen's Wunderwirkungen	48
§. 22. Auboen's Reliquien	49
§. 23. Die Sage von Wunderarme	51
§. 24. Auboen's Verehrung	53
§. 25. Rückblick	57